Freie Hansestadt
Bremen

mit Bremerhaven

Bildführer mit über 120 Farbaufnahmen
durch die historische Innenstadt und Umgebung

KRAICHGAU VERLAG

Stadtgeschichte

Historisches der Freien Hansestadt Bremen

782 Erste urkundliche Erwähnung: Die heidnischen Bremer befinden sich in einem Aufstand gegen die Herrschaft Karls des Großen und seiner Missionare. Der Priester Gerval und seine Mitstreiter werden erschlagen.

787 Der Priester Willehad wird erster Bischof im Niederweser-Gau und beginnt mit dem Bau einer hölzernen Kirche, die dem hl. Petrus geweiht wird.

845 Nach der Zerstörung Hamburgs durch die Wikinger übersiedelt Erzbischof Ansgar nach Bremen.

888 Das Erzbistum Bremen erhält ein Marktrecht.

965 Großes Marktprivileg mit Marktzoll, Münzrecht und Marktgericht, verliehen von Kaiser Otto dem Großen.

um 1000 Bremer Schiffe treiben Handel mit den nordeuropäischen Ländern sowie England, Frankreich und Spanien.

1041 Baubeginn am heutigen Dom.

ab 1043 Erzbischof Adalbert betreibt eine rege Missionstätigkeit. Bremen wird „Rom des Nordens" genannt.

1234 Schlacht bei Altenesch: Erzbischof Gerhard II. unterwirft die freien Bauern am linken Weserufer.

1244 Eine Brücke führt über die Weser.

1358 Eintritt Bremens in die Hanse, nachdem die Stadt bereits vor 1300 im Besitz von Hanse-Privilegien war.

um 1400 Wirtschaftliche Blüte der Hansestadt.

1404 Der „Roland" wird errichtet. Daraufhin verlegt der Erzbischof seine Residenz nach Bremervörde.

1405-10 Bau des gotischen Rathauses.

1522 Reformation in Bremen.

1530 Eintritt in den „Schmalkaldischen Bund" der evangelischen Fürsten und Reichsstädte.

um 1600 Neue wirtschaftliche Blüte: Bau des Schütting, Umbau des Rathauses, Ausbau der Stadtbefestigung.

1619-22 Wegen der Versandung der Weser Bau eines Hafens in Vegesack: Es ist der erste künstliche Hafen in Deutschland.

1623 Die Grafen von Oldenburg setzen den Weserzoll für den Seehandel durch (bis 1820). Ende der Hanse-Vereinigung.

1646 Bremen wird freie Reichsstadt.

1776 Unabhängigkeitserklärung der Vereinigten Staaten: Beginn des Handels mit Nordamerika, bald auch mit Südamerika.

1803 An die Stelle der Stadtbefestigung treten Grünanlagen.

1806 Bremen wird souveräner Freistaat und nennt sich Freie Hansestadt.

1810-13 Bremen ist unter Napoleon kurzzeitig Teil des französischen Kaiserreichs.

ab 1820 Bremen ist Deutschlands bedeutendster Auswandererhafen.

1827 Bürgermeister Smidt erwirbt vom Königreich Hannover für Bremen das Gelände für seinen späteren Überseehafen Bremerhaven, mit dessen Bau unverzüglich begonnen wird.

1847 Erste Postdampferlinie Bremerhaven - Nordamerika.

1887 Durch die Weserregulierung können Seeschiffe wieder bis in die stadtbremischen Häfen gelangen.

1888 Beitritt in den Zollverein und Eröffnung des Freihafens.

1920 Die Stadt baut einen Flughafen.

1944 Durch Bombenangriffe werden 62% der Stadt sowie 90% der Hafenanlagen zerstört, 3852 Einwohner kommen um.

1945 Bremen und Bremerhaven werden Nachschubhäfen der amerikanischen Besatzungstruppen in Deutschland.

1947 Nach dem Verlust der Selbstständigkeit im Dritten Reich wird Bremen zusammen mit Bremerhaven eigenständiges Bundesland.

1955 Bremen erreicht die halbe Million sowohl bei der Bevölkerungszahl als auch bei der Handelsschiff-Tonnage.

1967 Eröffnung des Container Terminals im Neustädter Hafen.

1971 Gründung der Bremer Reformuniversität, Einweihung des Container Terminals in Bremerhaven.

1974 Bremen wird europäisches Luft- und Raumfahrtzentrum.

1978 Daimler Benz nimmt das Werk Bremen in Bremen-Sebaldsbrück in Betrieb.

1981 Bei der Renovierung des Doms werden spektakuläre Grabungsfunde gemacht.

1983 Stilllegung der AG Weser, Bremens vormals auf dem Weltmarkt führende Großwerft.

1990 Der Fallturm für Kurzzeitexperimente in Schwerelosigkeit wird im Neubau des ZARM fertiggestellt.

1998 Der Überseehafen wird zugeschüttet, die Schlachte zur Flaniermeile ausgebaut.

1999 Der Abschluss der Arbeiten an der neuen, großen Schleuse am Neuen Weserwehr. Er ermöglicht das Befahren der Oberweser mit Binnenschiffen der EURO-Norm.

2004 600-Jahr-Feier des steinernen Roland. Am 2. Juli wird das Bremer Rathaus zusammen mit dem Bremer Roland von der UNESCO zum Weltkulturerbe der Menschheit ernannt.

2008 Nach erfolgreichen abschließenden Integrationsarbeiten bei EADS SPACE Transportation in Bremen kann das Columbus-Labor als wichtigster Beitrag Europas zur Internationalen Raumstation ISS erfolgreich ins All gebracht und angedockt werden.

2011 Auf dem Gelände der alten Häfen entsteht mit der Überseestadt ein neuer Stadtteil mit historischen Schuppen und modernen Wohnbauten.

2012 Das neue Weserkraftwerk liefert „Grünen Strom" für ca. 17.000 Haushalte.

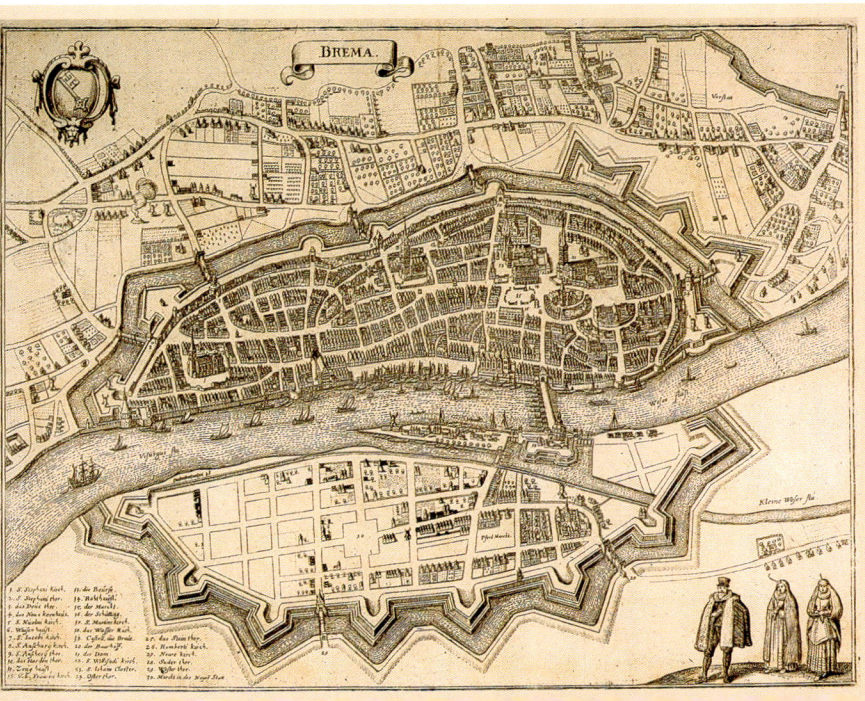

Willkommen in Bremen!

Wir wünschen einen angenehmen Aufenthalt

So begrüßen auch wir Sie, die Benutzer dieses Büchleins, welche die Freie Hansestadt besuchen. In Bild und Text soll es Ihnen helfen, sich hier im Herzen der Großstadt zurechtzufinden, die Sehenswürdigkeiten aufzuspüren und sie geschichtlich einzuordnen. Dies ist nicht ohne das Wissen um die Entwicklung der Stadt möglich, auch wenn sich ihre Ursprünge im Dunkel der Legende verlieren. Sicher ist jedoch, dass sich eine erste Siedlung – wahrscheinlich von Fischern und Fährleuten – auf der Binnenlanddüne bildete, auf deren höchstem Punkt heute der Dom steht. Sie war lange Zeit das einzige trockene Gebiet inmitten einer Sumpflandschaft.

Attraktiv war der Ort deshalb, weil hier die letzte Möglichkeit einer Überquerung der Weser vor ihrer Mündung bestand, begünstigt durch die Düne, die bis an den Strom reichte. So siedelten bald auch Schiffer und Händler an dieser Stelle, wo sich die Handelswege entlang der Weser und quer zum Strom – zwischen den Niederlanden und der Elbe – kreuzten. Später wagten sich die Bootsleute hinaus in Richtung der 70 km entfernten Nordseeküste, die Siedlung dehnte sich zwangsläufig aus. Dies wurde durch Pfahlgründungen für die Häuser und Schutzdeiche gegen Hochwasser ermöglicht, beides Maßnahmen, auf die man sich noch heute verlässt. So unterhält Bremen inzwischen 130 km Deiche, wofür die Bürger ihre Beiträge zu entrichten haben.

Wie in kaum einer anderen Stadt lebte und lebt der Bremer mit seinem Strom, der noch heute die Grundlage für das Wohlergehen der Kommune einerseits darstellt, andererseits aber eine ständige Bedrohung durch Hochwasser mit sich bringt. Diese Polarität hat sich auch auf das Wesen der Bewohner ausgewirkt, die zugleich konservativ an alten Bräuchen

1. Blick von der Teerhofinsel auf die Schlachte und die Weserpromenade. Im Hintergrund die Türme des Doms, der Kirche Unserer Lieben Frauen und der Martinikirche.

festhalten und ihren Hafen auf dem neuesten Stand der Technik haben, die heimatverbunden und gleichzeitig weltoffen sind, die nüchtern ihre Möglichkeiten sondieren und phantasievoll neueste Industriezweige erschließen. Wie die meisten Bewohner anderer Hafenstädte ist der Bremer tolerant und gegenüber Neuerungen stets aufgeschlossen, was sich bei den zahlreichen kulturellen Einrichtungen ebenso zeigt wie bei der bunten Kneipenszene, für die Bremen bekannt ist.

Wer die Hafenstadt erkunden will, sollte – dem Rundgang unseres Büchleins folgend – zunächst die Sehenswürdigkeiten der Innenstadt aufsuchen. Zweckmäßigerweise beginnt er im Zentrum, am Marktplatz, den die Einheimischen ihre „Gute Stube" nennen. Im letzten Teil dieses Spaziergangs überquert er zweimal die ehemalige Befestigungsanlage, den Wall, der heute als Grüngürtel die Altstadt umschließt. Außerhalb lernt er mit dem Ostertorviertel einen der Stadtteile kennen, die seit dem 19. Jahrhundert um Bremen entstanden und deren Erkundung

sich besonders mit dem Fahrrad empfiehlt. Auf diese Weise lernt er auch einige der zahlreichen Radwege kennen, welche die Hansestadt und ihre Umgebung erschließen. Andere Sehenswürdigkeiten besucht man am besten mit öffentlichen Verkehrsmitteln: den Stadtteil Vegesack und Bremerhaven, Bremens Außenhafen an der Wesermündung. Obwohl 65 km von einander entfernt und durch das Land Niedersachsen getrennt, bilden beide Großstädte heute zusammen das Bundesland Bremen, das kleinste unserer Republik.

Zwar besitzt die Stadt Bremen allein über eine halbe Million Einwohner, doch ist sie überschaubar und familiär geblieben. Das beweist sie Tag für Tag ihren zahlreichen Gästen, die ein vielfältiges Angebot an Hotels jeder Kategorie ebenso vorfinden wie auch zahlreiche andere Einrichtungen des Gastgewerbes und der Unterhaltung. Wer die Stadt einmal besucht hat, wird sie ohne Einschränkung gern weiterempfehlen.

2. Bremen aus der Luft: Im Zentrum die Altstadt, umgeben vom grünen Band der Wallanlagen, dort rechts die Kunsthalle. Deutlich zu erkennen das rote Dächergewirr des historischen Schnoorviertels. Zwischen der Wilhelm-Kaisen-Brücke (vorn) und der Bgm.-Smidt-Brücke die schmale Teerhofinsel an der Einmündung der Kleinen Weser in die Seeschifffahrtsstraße.

Rundgang durch das alte Bremen

Am Marktplatz

Ein Rundgang durch Bremen sollte immer dort beginnen, wo sich die Einheimischen wie die Touristen treffen: am Marktplatz [3] im Zentrum der Altstadt. Wie in früheren Zeiten ist das Geviert durch Bauten in sich weitgehend geschlossen, lässt jedoch auch immer wieder einen Durchblick frei auf die angrenzenden Plätze Domshof, Domsheide und „Unserer Lieben Frauen Kirchhof".

Den besten Überblick gewinnt der Gast, wenn er sich in das gepflasterte Hanseatenkreuz mitten auf dem Marktplatz begibt, der von einem der schönsten Rathausbauten Deutschlands beherrscht wird. Die Westzeile bilden die teilweise historischen Giebel von Bürgerhäusern wie den der Ratsapotheke (1894) und eines ehemals patrizischen Wohnhauses in reichen Rokokoformen an der

3. Der Marktplatz, Bremens „Gute Stube": Straßencafés vor den historischen Fassaden des Rathauses und des Doms, rechts das Haus der Bürgerschaft.

südwestlichen Ecke. Die restlichen beiden Bauten sind neu, jedoch dem hanseatischen Baustil angepasst, unter Verwendung historischer Bauteile. So besitzt das *„Haus am Markt"* ein Portal aus der Zeit um 1600, das „Deutsche Haus" Fassadenteile aus dem 17. und 18. Jahrhundert.

Der „Schütting" grenzt den Platz nach Südwesten ab. Er ist Sitz der Bremer Kaufmannschaft und zugleich Pendant des gegenüberliegenden Rathauses mit dem Amtssitz des Präsidenten des Senats. Im krassen Gegensatz zu diesen historischen Gebäuden steht das moderne *„Haus der Bürgerschaft"*, wo Bremens Landes- und Stadtparlament tagt. Es befindet sich auf dem Platz des einstigen Börsengebäudes. Eine Börse wurde vor gut 300 Jahren hier auf dem Marktplatz unter freiem Himmel erstmalig abgehalten und ist damit eine der ältesten in Deutschland. Der Marktplatz war Ort der Gerichtsbarkeit, aber auch von ungezählten Festen und Feiern aus vielerlei Anlass, so jeweils beim Gewinn einer Deutschen Meisterschaft durch Bremens Bundesliga-Fußballer. Die Spieler zeigten sich dann vom Balkon des Rathauses dem jubelnden Volk.

Vor der Schaufront des Rathauses steht Bremens Wahrzeichen, der *„Roland"* [4+32]. Von den vielen ähnlichen Figuren im norddeutschen Raum unterscheidet er sich durch seine enorme Größe (mit Sockel über 10 m) und die Qualität der künstlerischen Ausarbeitung. Sein jungenhaftes, bartloses Gesicht zeigt ein geheimnisvolles

4. Bremens Wahrzeichen, der „Roland", Sinnbild für die Freiheitsliebe der Bürger.

Lächeln, ähnlich dem der berühmten „Mona Lisa". Mit dem erhobenen Schwert wendet er sich in Richtung des Doms und symbolisiert so das Freiheitsstreben der mittelalterlichen Bürger gegen die Herrschaftsansprüche des Erzbischofs. Dass dieses Misstrauen gerechtfertigt war, bestätigt uns eine Aktion erzbischöflicher Knechte im Jahr 1366, die einen der hölzernen Vorgänger des heutigen Standbildes niederbrannten. So ließ der Rat der Stadt 1404 die heutige Statue aufstellen und die Sinnbildlichkeit durch das später angefügte Wappen unterstreichen. Dessen Umschrift lautet nämlich: „Freiheit offenbare ich euch, die (Kaiser) Karl (der Große) und mancher Fürst, fürwahr, dieser

5. Die prächtige Renaissance-Fassade des Rathauses gegen den Marktplatz wurde, zusammen mit der Statue des „Roland", im Jahre 2004 von der UNESCO zum Weltkulturerbe ernannt.

Stätte gegeben hat. Dafür danket Gott, (das) ist mein Rat". So gilt der Roland noch heute als Sinnbild der Freiheitsliebe für die Bremer, die ihre Reichsunmittelbarkeit aus der hansestädtischen Vergangenheit, mit zwei kurzen Unterbrechungen durch Napoleon und Hitler, bis in die Gegenwart gerettet haben. Deshalb herrscht im Stadtstaat noch heute der Glaube, dass seine Freiheit so lange gewährleistet ist, wie der Roland auf seinem Sockel steht. Das schaffte er sogar während der schweren Bombenangriffe 1944/45, weil ihn die Stadtväter hatten ummauern und die Zwischenräume mit Sand füllen lassen.

Am Fuß des Rolands befindet sich eine etwas rätselhafte Darstellung eines Menschen. Die Einheimischen deuten dieses Detail auf eigenwillige Weise: Hier sei dem Krüppel, so die Legende, ein Denkmal gesetzt, der sein Leben für die Ausdehnung Bremens gab. Damals befand sich der heutige Bürgerpark im Besitz der Gräfin Emma, und die Stadt bat sie um Gelände für die dringend benötigte Bürgerweide. Sie sagte so viel Land zu, wie ein Mann an einem Tag umschreiten könne. Ihr Neffe jedoch, der sie beerben wollte, überredete sie, einen Krüppel für die Umgrenzung auszuwählen. Dieser schaffte es unter Aufwendung aller Kräfte, 130 ha zu umschreiten. Die Anstrengung war jedoch zu groß gewesen, und er starb. Aus Dankbarkeit wurde er zu Füßen des Rolands verewigt.

Um 1400 herrschten in Bremen Frieden und Wohlstand, die Stadt war Mitglied der Hanse und hatte längst ein eigenes Stadtrecht. Erst da plante der Rat der Stadt den Bau eines eigenen Rathauses, nachdem er in den Jahrhunderten zuvor lediglich in gemieteten Räumen getagt hatte. Im Stil jener Zeit entstand in fünfjähriger Bauzeit das *gotische Rathaus* [5]. Fertiggestellt 1410 war es, ebenso wie der ein Jahr zuvor errichtete Roland, ein sichtbares Bekenntnis Bremens zur Freiheit und Unabhängigkeit der Stadt.

6. Rathausfassade: Henne und Küken erinnern an die sagenhafte Gründung der Stadt.

Vier Treppentürme an den Ecken, ein doppelter Zinnenkranz und ein Wehrgang über dem Bogengang der Marktseite ließen das Gebäude wie eine Festung nahe der erzbischöflichen Machtzentrale erscheinen. Diese Symbolik setzte sich mit den 8 Figuren an der Schauseite fort, die noch heute zu sehen sind. Es handelt sich um Darstellungen des Kaisers – mit den Reichsinsignien – und der

sieben Kurfürsten, der Repräsentanten der weltlichen Oberhoheit im Reich [7]. Nur diese kaiserliche Macht wollten die Bremer anerkennen. Nachdem inzwischen die reichen Kaufleute den repräsentativen Bau des „Schütting" hatten erstellen lassen, erschien um 1600 dem Stadtrat das gotische Rathaus doch allzu schlicht. So entstand bis 1616 das heutige Gebäude hauptsächlich im Stil der Weserrenaissance, teils auch schon mit Formen des frühen Barock. Baumeister Lüder von Bentheim gelang es meisterhaft, die vorhandene gotische Bausubstanz vor allem zur Marktseite hin durch zeitgemäße Anbauten zu beleben: Der vorgesetzte zweigeschossige Mittelbau mit dem krönenden Hauptgiebel gliedert, unterstützt durch die Nebengiebel, die einst eintönige Hauptfassade vertikal, der Arkadengang samt den beiden Brüstungen horizontal. Dazu tragen auch der reiche figürliche und

7. Gotische Kurfürstenstandbilder an den Fenstern zum Rathaussaal.

8. Die Haupthalle des historischen Ratskellers (um 1600).

ornamentale Schmuck bei, dem sich die gotischen Figuren unter ihren Baldachinen nahtlos anpassen. Die gotischen Zinnen des alten Rathauses mussten ebenso einer luftig wirkenden Säulenbrüstung weichen wie der alte Wehrgang, den der Baumeister durch die reich mit Ornamenten durchsetzte Balustrade ersetzte. Unter den zahlreichen Figuren unterhalb der Balkonbrüstung findet man z.B. einen krähenden Hahn mit Zepter und Tiara, eine Anspielung auf die weltlichen Machtansprüche des Papstes. Nicht weit von ihm trägt eine junge Frau unter dem Arm ein Nest mit Henne und Küken [6]. Der Sage nach hatten einige Fischer im Unwetter einen sicheren Platz über den steigenden Fluten der Weser gesucht und dabei beobachtet, wie eine Henne ihre Küken auf eine höhergelegene Düne führte. Sie folgten ihr und gründeten dort eine Siedlung, aus der Bremen hervorging. Die Schmalseiten des alten Rathauses sind weitgehend unverändert geblieben und verkörpern das gotische Element. An der Westseite führen Stiegen hinunter in den *Ratskeller* [8], den man beim Umbau nach 1600 einrichtete. Der Gastraum ist für viele Bremer beliebter Treffpunkt zum Frühschoppen, zum Mittagessen oder nach dem Einkauf. Eine Besonderheit sind hier die „Priölken", abgeschlossene Nischen für bis zu fünf Personen, die sich besonders für Besprechungen eignen. In den angrenzenden Kellerräumen lagern mehr als 600 Weinsorten aus Deutschland, darunter Raritäten wie Fassweine vom Rhein z.B. von 1718 und gar 1653 – der älteste noch trinkbare Fasswein -oder Moselweine von 1723 und 1731. Die Gänge der Kellerräume ziehen sich über 2 km hin, nicht nur unter dem Rathaus, sondern auch bis zu den Grundmauern der Domkirche und der Liebfrauenkirche. Während viele Räume lediglich der Weinlagerung dienen wie der

Wir sind Ihr

Bremen

Partner!

**Fachkundige Beratung · Unterkünfte · Pauschalreisen
Führungen · ErlebnisCARD · Souvenirs · Tickets und mehr**

Haben Sie Fragen zu Ihrer Bremen-Reise?

Obernstraße/Liebfrauenkirchhof
Mo-Sa 10-18.30 Uhr, So 10-16 Uhr
November-März: Sa bis 16 Uhr

Hauptbahnhof
Mo-Fr 9-19 Uhr, Sa-So 9.30-17 Uhr

www.bremen-tourismus.de

BTZ
BREMER TOURISTIK-ZENTRALE

Service-Telefon 0421 / 30 800 10
Mo-Fr 8.30-18 Uhr, Sa 9.30-13 Uhr

9. Die Bremer Stadtmusikanten, Skulptur von Gerhard Marcks.

Apostel- und der Rosekeller, sind andere künstlerisch ausgestaltet, z.B. der Hauffsaal und der Bacchussaal. Der Ratskeller mit der ältesten Weinsammlung [10] der Welt begründete – zusammen mit den berühmten Bordeaux-Weinen des Schütting – Bremens Ruf als die vielleicht bedeutendste Weinstadt Europas.

Warum es in Bremen – wie auch in vielen anderen mittelalterlichen Städten – Ratskeller gab? Die verhandelnden Gruppen oder Personen waren bei einem guten Glas Wein eher zu einem Zugeständnis bereit. Als Verhandlungsführer wählte man im Mittelalter daher auch oft besonders trinkfeste Ratsmitglieder aus.

An der Nordwestecke des Rathauses ist der einzige der ursprünglich vier gotischen Treppentürme erhalten. Darunter erhebt sich auf einem knapp mannshohen Sockel der Turm der vier Tiere, die schon jedes Kind mit Bremen in Verbindung bringt, der

„*Stadtmusikanten*" [9]. Dieses Motiv wird der aufmerksame Betrachter an vielen Stellen der Stadt finden, doch gehört die 1951 geschaffene Bronzeskulptur von Professor Gerhard Marcks zu den qualitätvollsten Arbeiten. Nach Norden schließt sich das neue Rathaus (1909-1913) an. Obwohl mehr als doppelt so groß, ordnet sich der vom Münchner Architekten Gabriel von Seidl geschickt gegliederte Bau dem historischen Gebäude wohltuend unter.

Auch wenn von den zahlreichen sehenswerten Räumen des Rathauses nur die obere Halle [11] für Touristen freigegeben ist, lohnt eine Besichtigung allemal. Glücklicherweise blieb der Raum, der das gesamte Obergeschoss des einstigen gotischen Rathauses einnimmt, 1944/45 von Bombeneinschlägen verschont. Aus gotischer Zeit sind die hohen Spitzbogenfenster an den Schmalseiten erhalten, die den Festsaal in helles Licht tauchen. Die Ausstattung gegen die Schauseite stammt aus der Zeit nach dem Umbau und besteht aus hölzernen Einbauten mit phantasievollen, frühbarocken Schnitzereien: die kunstvoll gearbeitete Wendeltreppe und die überschwänglich gestaltete Trennwand zum doppelgeschossigen Vorbau.

Dahinter verbirgt sich der wohl schönste Raum des Gebäudes, die *Güldenkammer* [12]. 1905 ließ der Rat sein Beratungszimmer vom Worpsweder Künstler Heinrich Vogeler neu gestalten, einem Meister des Jugendstils. Von der vergoldeten Ledertapete über den Bodenbelag und die Kassettendecke bis hin zur wertvollen Möblierung schuf Vogeler hier eine vollendete Komposition in den Farben Rot, Gold und Braun. Über der Güldenkammer befindet sich die Empore der Musikanten, die hier seit Jahrhunderten bei Feierlichkeiten aufspielen. Türgewände unterschiedlichen Stils gliedern

10. Weinsammlung in der „Schatzkammer".

die gegenüberliegende Wand. Hier führte früher eine äußere Treppe zum Sitzungssaal. Nachdem aber aufständische Bürger diese 1531 zum Eindringen in den Ratssaal

Rathaus:
Info unter www.rathaus.bremen.de
Führungen: Mo.-Sa. 11, 12, 15 und 16 Uhr; So. 11 und 12 Uhr.
Anmeldung und Info bei der BTZ Obernstraße/Liebfrauenkirchhof
und Hauptbahnhof, Tel. 01805-101030 und 0421-30 800 10.
Führungen können bei offiziellen Veranstaltungen entfallen.

11. Blick durch die obere Halle im Rathaus. Die prächtige Innenausstattung stammt größtenteils aus der Zeit des Umbaus zu Beginn des 17. Jahrhunderts. Die abschließenden gotischen Fenster erinnern an das ursprüngliche Rathaus (um 1400).

benutzt hatten, wurde sie durch die heutige innere Spindeltreppe ersetzt. Auf einer Tür von 1491 sind die 12 Gebote dargestellt, die jeder Ratsherr zu beachten hatte, eine weitere führte zur „Wittheitsstube". Hier trafen sich die Bürgermeister zu vertraulichen Beratungen. Sie liegt zwei Stockwerke höher als der Ratskeller, wo die hohen Herren abhanden gekommene Weisheit mit Weingeist wieder auffüllen konnten. Die Türen führen heute ins neue Rathaus, in dem neben einem weiteren großen Saal auch einige prächtig

restaurierte Repräsentationszimmer untergebracht sind.

Die einzige fensterlose Wand zieren Bilder aus verschiedenen Epochen: Am ältesten sind die Fresken mit der Darstellung des „Salomonischen Urteils" (1532, Bartholomäus Bruyn) sowie Kaiser Karls des Großen und Bischof Willehads vor dem Dom des 16. Jahrhunderts. Mit Karl fühlen sich die Bremer besonders verbunden, weil nämlich die erste urkundliche Nennung ihrer Stadt 782 im Zusammenhang mit den Sachsenaufständen gegen

Die beiden Modelle mit den über-
dimensional großen Kanonen standen einst im Schütting, dem Haus
der Kaufmannschaft. Die Kanonen
wurden dort bei festlichen Anläs-
sen mit Schwarzpulver geladen
und abgeschossen, was manch
ein verrußtes Kleidungsstück und
zerborstene Fensterscheiben
zur Folge hatte. So gab es immer
wieder Ärger mit Bürgern, die
sich darüber beklagten, dass die
Handelsleute auch zu nächtlicher
Stunde bei offenem Fenster volle
Breitseiten abfeuerten. Als der
Schütting zwischenzeitlich französische Niederlassung werden
sollte, übergab man die Schiffe
dem Rathaus zur Ergänzung der
beiden bereits vorhandenen.
Zusammen mit den Kronleuch-
tern und den 33 Kaisermedaillons
bilden sie heute einen herrlichen
Deckenschmuck, der besonders bei
abendlichen Festlichkeiten schön
zur Geltung kommt. Das gilt auch
für das älteste der hier stattfin-
denden Feste, die *„Schaffermahl-
zeit"* [96] (s. Traditionen und Bräuche), die sich bis in die Abendstun-
den hineinzieht. Die Spindeltreppe
an der Südseite führt hinab in die
ebenso große Untere Halle mit
ihren dunklen Deckenbalken aus
Mooreichenholz. Sie wird vorwiegend für Ausstellungen und Thea-
teraufführungen genutzt und gilt
bei aller Schlichtheit als eine der
schönsten gotischen Profanhallen
Norddeutschlands.

den Kaiser erfolgte. Er hatte den
ersten Priester zur Missionierung
der Sachsen hierher geschickt, den
diese in Bremen erschlugen, und
mit dem hl. Willehad den ersten
Bischof von Bremen ernennen
lassen.

Dass die Stadt ihre Bedeutung vor
allem der Seefahrt verdankt, doku-
mentieren die Orlogschiffe an der
mächtigen Holzbalkendecke. Die
alten Modelle zeigen kriegsmäßig
ausgerüstete Handelsschiffe, wie
sie zur Zeit der Hanse zur Abwehr
von Piratenangriffen üblich waren.

Nordwestlich vom Rathaus
erstreckt sich *„Unser Lieben
Frauen Kirchhof"*, heutzutage vor-
mittags als Blumenmarkt genutzt.
Er ist nach dem mittelalterlichen
Gotteshaus benannt, dessen

Südfassade mit dem einstigen Haupteingang sich dem Rathaus zuwendet. Der Vorgängerbau diente bereits im 11. Jahrhundert als Pfarr- und Bürgerkirche, errichtet außerhalb des ummauerten Bezirks der Bischofsstadt. Im 13. Jahrhundert entstand die heutige Hallenkirche, der man um 1500 den Chor und nach Süden ein viertes Schiff ansetzte. Das Langhaus erhielt dann auch seine unge-

der Nordwand noch zum Vorgängerbau gehörte. Der gotische Nordturm entstand im 13./14. Jahrhundert, der Bau zwischen den Türmen mit dem heutigen Haupteingang erst 1893.

Im Untergeschoss bewahrte die Stadt früher wichtige Urkunden auf. Diese „Tresekammer" dient inzwischen als Gedächtniskapelle für die Gefallenen des ersten Welt-

12. Rathaus: Blick in die kostbar ausgestattete Güldenkammer.

wöhnliche Überdachung – quer zu den Schiffen – und die Schmuckgiebel gegen das Rathaus, versehen mit Strebepfeilern und einer Zwerggalerie, welche das Sandsteinmauerwerk der Hauptwände vom reich gestuften Backsteinmauerwerk des Giebels trennt.

An der Nordwestecke ist von den früheren Anbauten das Mesnerhaus erhalten. Es ist an den gedrungenen romanischen Turm (12. Jh.) gebaut, der ebenso wie die beiden Rundbogenportale

kriegs. Wie in vielen evangelischen Kirchen ist auch hier wenig von der einst qualitätvollen Ausstattung erhalten geblieben. Lediglich Reste von Wand- und Deckenfresken im Christopherussaal – im Obergeschoss des Südschiffes – stammen aus dem 15. Jahrhundert. An späteren Werken sind die

13. Die Fassaden von Rathaus und St.-Petri-Dom, einst Gegenpole weltlicher und geistlicher Macht, heute in prächtiger Harmonie.

14. Blumenmarkt auf dem Liebfrauenkirchhof.

geschnitzte Kanzel (18. Jh.), ein Epitaph des Dietrich von Büren (17. Jh.) und die neuzeitlichen Fensterverglasungen erwähnenswert. Die Raumgestaltung wirkt harmonisch in der Tradition westfälischer Hallenkirchen.

Dass in Bremen vieles anders ist als sonst in Deutschland, erkennen wir auch am Relief außen am Nordturm: Es zeigt den preußischen Generalfeldmarschall von Moltke hoch zu Ross [15], eine Darstellungsform, die im benachbarten Preußen lediglich regierenden Fürsten vorbehalten war. Es entstand ebenso 1909 durch den süddeutschen Bildhauer Hermann Hahn wie der nahe Marcusbrunnen.

Zwischen Kirche und Rathaus entlang erreichen wir den größten der Innenstadtmärkte, den **Domshof** [14+16]. Wo vor wenigen Jahren der neuzeitliche Neptunbrunnen für Meinungsverschiedenheiten sorgte, fand 1831 die letzte öffentliche Hinrichtung statt: Die „Giftmischerin" Gesche Gottfried erlitt den Tod durch das Beil des Henkers. Nicht weniger als sechs Bankgebäude gruppieren sich um den Platz, wobei das der „Bremer Bank" – 1902-1904, Weserrenaissance mit Jugendstilelementen – die ansprechendste Fassade aufweist. Bei näherem Hinsehen erkennen wir, dass die Bremer Bank eine Filiale der Dresdner Bank ist, die sonst wohl in allen anderen Städten Deutschlands ihren Namen unverändert trägt. Wie gesagt: In Bremen ist vieles anders.

So sitzt auch Fürst Bismarck vor dem Nordturm des Doms – gegen alle Regeln des preußisch regierten Deutschlands – hoch zu Ross, dazu durch einen 6 m hohen Sockel besonders ins Blickfeld gerückt.

Die Westfassade des **St.-Petri-Doms** [13], wiederum vom Marktplatz aus betrachtet, besteht aus den 98 m hohen Zwillingstürmen und einem Verbindungsbau mit gotischer Rosette und dreieckigem Giebelfeld. Lassen wir den Blick von den Rundbogenportalen nach oben schweifen, so erkennen wir unschwer, dass viele Jahrhunderte – mit dem ihnen eigenen Zeitgeschmack – an dem Bauwerk gearbeitet wurde. Seine ältesten Teile stammen aus dem 11. Jahrhundert, als die Erzbischöfe Bezelin (1035-1043) und Adalbert (1043-1072) eine romanische Pfeilerbasilika erbauen ließen. Aus dieser Zeit sind nicht

15. Reiterstandbild des Generals von Moltke (Liebfrauenkirche).

nur die beiden Krypten unter dem Ost- und dem Westchor erhalten, sondern praktisch alle Mauern und Säulen des unteren Kirchenteils. Um 1500 begann man, die Basilika unter Beibehaltung eines Großteils der Bausubstanz in eine

16. Der Domshof, umrahmt von sechs Banken, ist häufig Standort von Großveranstaltungen. Im Hintergrund der namensgebende Dom. Hier findet täglich (außer sonntags) der Wochenmarkt statt.

17. Kunstvolles Kreuzrippengewölbe im Nordschiff des Doms.

18. Blick durch das Mittelschiff des St.-Petri-Doms zum Ostchor.

spätgotische Hallenkirche umzu-
bauen, ehe die Reformation jede
Bautätigkeit am Dom beendete.
Erst 1888 ging man an eine grundlegende Renovierung, wobei vor
allem die beiden durch Einsturz
und Brand schwer beschädigten
Türme erneuert wurden. Damals
gestaltete man auch das Giebelfeld
samt seiner Statuen, ebenso die
Standbilder zwischen den Portalen
und die Bronzetüren mit ihren
Darstellungen biblischer Szenen
[19]. In die nördliche Tür hat man
die herrlich gearbeiteten großen
Türzieher in der Form von Löwen-
köpfen (Anfang 13. Jh.) einbezogen.

Während die Treppe und Tür des
Nordturms beim historischen
Brauch des Domtreppenfegens
(siehe Traditionen und Bräuche)
im Blickpunkt stehen, betreten wir
den St.-Petri-Dom durch die Tür
des Südturms.

*19. Bronzeportal (19. Jh.) am ehrwür-
digen St.-Petri-Dom.*

Im Gegensatz zum gegenüberliegenden Nordschiff wurde wegen
der Reformation hier im Süd-
schiff die geplante Erhöhung der
Gewölbe nicht mehr durchgeführt.
Der kreuztragende Christus (1490)
hinter dem Hauptaltar stammt von
einem Mitglied einer aus Brabant
eingewanderten Künstlerfamilie,
„Brabander" oder „Beldensnyder"
genannt, die hier im Dom eine
Vielzahl ihrer Werke hinterlassen

hat. Kunstvoll geschnitzt ist die
Kanzel (1638), deren Korpus aus
Eichenholz besteht, während die
zahlreichen Figuren aus dem füg-
sameren Lindenholz gearbeitet
sind. Die schmalen Seitenkapellen
gleich hinter der Kanzel beher-
bergen Reststücke des wertvollen
Chorgestühls von 1360/80 – erst
1822 sinnlos weggebrochen und
zerstört – mit biblischen Szenen
sowie Wappentafeln der Mitglieder
der Domdiakonie.

St.-Petri-Dom:

*Sandstraße 10-12, 28195 Bremen, Tel. 04 21-36 50 40, www.stpetri-
dom.de, Öffnungszeiten: Oktober-Mai: Mo.-Fr. 10-17 Uhr, Sa. 10-14
Uhr, So. 14-17 Uhr; Juni-September: Mo.-Fr.+So. bis 18 Uhr; Eintritt
frei (außer Turmbesteigung). Jeden 2. und letzten Sonnabend um
12.30 Uhr kombinierte Dom- und Museumsführung. Während
Amtshandlungen und Konzertproben ist der Dom geschlossen.
Schließungstage: Karfreitag, 01.05., 03.10., 24./25. und 31.12.*

20. Farbenprächtige Pfeiler und Säulenbündel im Mitttelschiff des Doms.

Im Anschluss an die letzte Kapelle des Südschiffs folgt ein kleiner Raum mit Ausgang zum Innenhof. Hier sind eine Ritterfigur (um 1400) und das Grab des berühmten Freiherrn von Knigge († 1796) sehenswert, der als Vertreter der englischen Krone ab 1790 in Bremen lebte, Verfasser des berühmten Buches „Über den Umgang mit Menschen".

Am nächsten Pfeiler und am folgenden Pfeilerpaar sind weitere Meisterwerke der „Beldensnyder" erhalten: ein Epitaph für Dr. Brandis sowie die Statuen des hl.

Rochus (mit Pestbeulen) und der Muttergottes.

Ein kostbares Netzgewölbe überspannt das nach 1500 auf Hauptschiffniveau erhöhte Nordschiff [17]. Fünf überlebensgroße Figuren am mittleren „Brautportal" stellen einige der klugen und törichten Jungfrauen dar. Ein reizvolles Relief der heiligen Sippe ist ebenso wiederum ein Werk der Beldensnyder wie das folgende vor der Orgelempore. Diese wohl künstlerisch reichste Arbeit der Bildhauerfamilie rückt Kaiser Karl den Großen und seinen Bischof Willehad, ein Modell des Doms um 1500 in ihren Händen, in den Mittelpunkt und entspricht der Darstellung im oberen Rathaussaal [22]. Vom Durchgang zum Südturm führt eine Treppe hinunter zur **Westkrypta**, die heute wieder als Taufkapelle genutzt wird. Im Mittelpunkt steht dabei das spätromanische bronzene Taufbecken (um 1220), vielleicht das wertvollste Ausstattungsstück des Doms. Bis ins 11. Jahrhundert reichen hier die Kunstwerke zurück.

Jüngeren Datums ist lediglich die kleine Orgel, die dafür aber von einem der berühmtesten Orgelbauer Deutschlands stammt, von Gottfried Silbermann. Vom nördlichen Querschiff steigen wir hinunter zur **Ostkrypta**, neben ihrem westlichen Pendant der älteste Raum Bremens. Er blieb über die Jahrhunderte praktisch unverändert und atmet daher noch vollständiger den Geist der Romanik in frühsalischer Zeit. Während die Schachbrettornamente auf italienischen Einfluss hindeuten, stehen germanische Sinnbilder der vorchristlichen Zeit – z.B. Fenriswolf und Midgardschlange – in scheinbarem Gegensatz zum frühchristlichen Symbol der offenen Blüte. Von den vier Kunstdenkmälern, die sich

21. St.-Petri-Dom: rolandartiges Ritterstandbild (um 1400).

22. Ausschnitt vom Relief der Westempore: Karl der Große mit Bischof und Kirchenmodell.

23. Romanisches Kruzifix auf dem Altar der Ostkrypta.

um das Grab Erzbischof Adalberts († 1072) gruppieren, stammen wiederum zwei aus der Werkstatt der Beldensnyder (um 1500): Christus als Schmerzensmann sowie das größere der beiden Kruzifixe.

Die benachbarte Südostkapelle hat man in beiden Stockwerken als

Dommuseum [26+27] eingerichtet, das allein wegen der Grabfunde von 1974-76 unbedingt einen Besuch wert ist. Die jahrhundertealten Textilien wurden in aufwändiger Arbeit restauriert, sind aber sehr lichtempfindlich, so dass sie in stark abgedunkelten Räumen aufbewahrt werden müssen. Hier

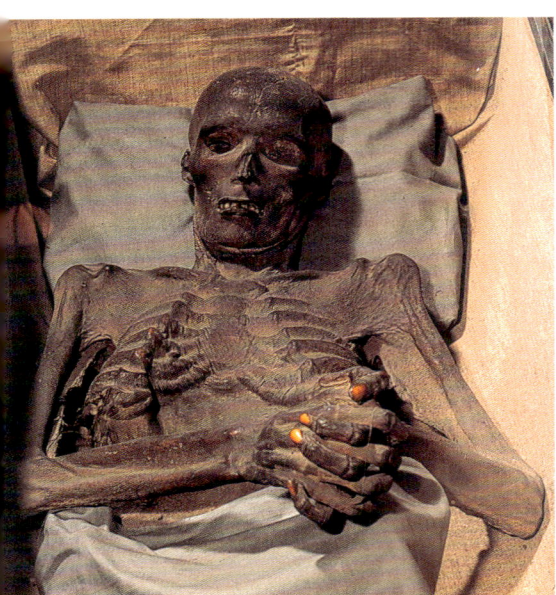

findet sich auch das älteste Bremer Schriftdenkmal: eine bleierne Grabtafel für Bischof Lenderich, der 845 starb. Ein Relief ist den Arztheiligen Cosmas und Damian und ihrem Wirken gewidmet. Die Reliquien der im Mittelalter hoch angesehenen Märtyrer hatte Erzbischof Adaldag 965 aus Rom mitgebracht und damit dem Dom zu hohem Ansehen verholfen. Nach 1400 ruhten die Reliquien in einem wertvollen silbernen Schrein, den das Domkapitel jedoch samt Inhalt 1648 nach Bayern verkaufte.

In dem abseits des Hauptbaus gelegenen **Bleikeller** [25], den man über den Innenhof erreicht, erwartet den Besucher ein weiteres Bremer Kuriosum: Acht

24. Bleikeller: Sarg mit mumifizierter Leiche.

25. Blick in den Bleikeller mit zwei der Särge.

*26. Dom-Museum: Steinrelief „Abendmahl"
(Anfang 15. Jh.).*

*27. Dom-Museum: Bischofs-
krümme (1. Hälfte 13. Jh.).*

mumifizierte Leichen [24] kann er hier in ihren verglasten Särgen in Ruhe betrachten. Der älteste Leichnam ist der eines Mannes, der um 1450 durch eine Kugel ums Leben kam. Da er ein Auswärtiger war, stellte man seinen Sarg im Bleikeller ab, in dem auch Bleiplatten für die Dachbedeckung lagerten. Erst nach einigen Jahren entdeckte man den inzwischen vergessenen Sarg, um beim Öffnen festzustellen, dass der Leichnam lediglich mumifiziert war. Bei ihm wie bei allen anderen zeigte sich die Eigenschaft des Bleikellers, tote Körper durch Austrocknung zu konservieren. Das lässt sich nur durch die außergewöhnlich trockene Luft in diesem Raum über der Düne erklären. 265 Stufen führen hinauf auf etwa die Hälfte der 98 Höhenmeter der Türme. Von hier oben wird der Besucher durch einen herrlichen Ausblick belohnt.

Das moderne Haus der Bürgerschaft schließt den Marktplatz nach Osten hin ab. Einziger Fassadenschmuck sind die Bronzereliefs über dem Erdgeschoss, das die Eingangshalle und die Bibliothek

Dom-Museum: Öffnungszeiten: Mo.-Fr. 10-16.45 Uhr, Sa. 10-13.30 Uhr, So. 14-16.45 Uhr. Kombinierte Dom- und Museumsführung: jeden 2. und letzten Samstag im Monat 12.30 Uhr

Bleikeller und Bibelgarten: Eingang von außen durch den Glocken-Kreuzgang, April-Okt.: Mo.-Sa. 10-16.45 Uhr, So. 12-16.45 Uhr; von Juni-Sept. jeweils bis 17.45 Uhr

Turmbesteigung: Höhe ca. 98,5 m. April-Okt.: Mo.-Fr. 10-16.30 Uhr, Sa. 10-13.30 Uhr, So. 14-16.30 Uhr; von Juni-Sept. Mo.-Fr.+So. bis 17.30 Uhr

aufnimmt. Ganz oben befindet sich der Plenarsaal für die 100 Abgeordneten, seine Besuchergalerie hat weitere 200 Plätze. Der benachbarte Festsaal dient, wird er nicht als solcher gebraucht, als Wandelhalle. Die bremische Bürgerschaft, die dem Landtag entspricht, besteht aus 20 Abgeordneten aus Bremerhaven und 80 aus Bremen. Letztere bilden gleichzeitig das Stadtparlament. Alle Abgeordneten der Bürgerschaft wählen den Senat (die Minister) und den Präsidenten des Senats.

Fast symbolhaft steht der **Schütting** [28], das traditionsreiche Haus der Bremer Kaufmannschaft, im Stadtzentrum zwischen Rathaus und Weser. An ihrem Ufer befand

sich – in Höhe des Schnoorviertels – der erste Hafen der Balge, einem schiffbaren Nebenarm der Weser, der später zugeschüttet wurde. Zunächst wurden hier Fische und andere Meeresfrüchte angelandet und auf den Märkten verkauft, später auch ins Binnenland verfrachtet. Nicht zufällig findet noch heute die größte Fisch-Fachmesse Europas in Bremen statt. Bereits im 13. Jahrhundert exportierte man Bier, auf dem Rückweg brachten die Schiffe edle Tuche und seit dem 17. Jahrhundert Weine aus Bordeaux mit. Der Handel blühte besonders nach der Entdeckung Amerikas. Neben dem Import und Weiterverkauf von Kaffee, Tabak, Tee, Kakao, Zitrusfrüchten und exotischen Gewürzen erschloss die

28. Der Schütting, das repräsentative Haus der Handelskammer, am Markt von Bremen. Links davon befindet sich der Zugang zur Böttcherstraße.

Weiterverarbeitung der Rohstoffe neue Entwicklungsmöglichkeiten: Kaffeeröstereien, Zigarren-, Zigaretten- und Schokoladenfabriken entstanden, die teilweise noch heute existieren. Daraus resultierte eine wohlhabende und selbstbewusste Kaufmannschaft, die nicht nur für die Unabhängigkeit ihrer Stadt stritt, sondern sich auch bewusst in Konkurrenz zum Rat der Stadt stellte. So ist der Bau des repräsentativen Schütting – genau gegenüber dem Rathaus – als Gegenpol zu diesem zu verstehen.

29. Wertvolles Tafelsilber der Handelskammer im Schütting.

Zur Zeit seiner Errichtung (1537/38) im Stil der Spätgotik tagte der Rat noch im fast schmucklosen gotischen Gebäude. Als dann die Kaufleute ihr Gebäude vor 1600 durch Aufsetzen des Mittel-

30. Schütting: eine der acht Trägerfiguren an den Eck- und Mittelstäben der beiden Portalfenster.

giebels und der Balustrade sowie die zierlichen Festerbekrönungen im Stil der Zeit ausschmücken ließen, beschloss man im Rathaus eine Modernisierung durch einen gründlichen Umbau. Jedoch auch die Kaufleute ließen im Laufe der

Jahrhunderte die Schauseite ihres Gebäudes weiter verschönern, so dass sie bis heute mit der des Rathauses konkurrieren kann. So entstand das renaissancehafte Portal 1896-98 mit einer Inschrift, die schon immer Motto der Kaufleute

31. Der prächtige Renaissance-Giebel der ehemaligen Stadtwaage in der Langenstraße.

Dem Eckhaus rechts, dem Neubau einer Bank, hat man eine schöne Barockfassade vorgeblendet. Auch die folgenden Gebäude gehören zu der Bank, die historische Türgewände sowie eine Bronzetafel mit der Ansicht der Häuserzeile im 17. Jahrhundert eingebaut bzw. angebracht hat, ebenso das benachbarte Gebäude, die ehemalige **Stadtwaage** [31] mit ihrem eindrucksvollen Renaissancegiebel. Im Auftrag der Stadt erbaute Lüder von Bentheim, später auch Baumeister des Rathausumbaus, das städtische Gebäude mit seinen drei Haupt- und vier Dachgeschossen.

war: „Buten und binnen/Wagen und winnen". Den Mittelgiebel ziert eine mittelalterliche Kogge unter vollen Segeln. Die Giebelseiten dagegen präsentieren fast unverändert den ursprünglichen Bau des 16. Jahrhunderts. Dabei zeigt der Ostgiebel die klassischen Formen der Frührenaissance, während der westliche Stufengiebel mit seinen steinernen Löwen noch die gotische Architektur verkörpert. Das Gebäude ist heute Sitz der Handelskammer, der Nachfolgeorganisation der Kaufmannschaft. Dort gibt es noch die **„Schmeckemahlzeit"** als Pendant zum Schaffermahl und für dieses einst zum Probieren des obligatorischen „Stockfischs" eingerichtet. Die Diener tragen dabei noch heute den traditionellen bordeauxroten Frack, ebenso gibt es noch das Siegel mit dem doppelköpfigen Reichsadler und dem Stadtschlüssel, seit 1580 Wappen der „Kaufleute des Reichs".

Neben den üblichen Formen der Giebelgestaltung arbeitete der Architekt mit dem Wechsel zwischen Ziegeln und grauem Sandstein.

Ein Wappen mit dem Stadtschlüssel und ein hübscher Ausleger mit einer vergoldeten Waage geben dem Gebäude nach den Kriegszerstörungen wieder jene Würde, die es vor Einführung einheitlicher Gewichte und der Eichung von Privatwaagen besaß. Davor gab es eine amtliche Gewichtsfeststellung – für Kaufmann, Kunden und Steuern – nur in öffentlichen Waagen, bedient von vereidigten Waagemeistern sowie ihren Schreibern und Knechten. In der gegenüberliegenden Häuserzeile gefällt das Haus Nr. 16 (Jahreszahl 1625).

32. Sommerliches Treiben auf dem Markt zwischen dem Roland und der harmonischen Zeile alter Bürgerhäuser. Zwischen ihnen und dem Schütting, links, beginnt die Langenstraße.

33. Die architektonisch reizvolle Böttcherstraße, heimliche Hauptstraße und Kulturzentrum der Hansestadt, lädt zu beschaulichem Bummel ein.

Die Böttcherstraße B

Vorbei am Schütting, verlassen wir mit der gleichnamigen Straße, nach rechts abzweigend, endgültig den Marktplatz. Am Ende des Gebäudes empfängt uns ein vergoldeter Jüngling über dem Eingang zur Böttcherstraße [33], der „Lichtbringer" [35]. Er stellt die erste der zahlreichen Überraschungen dar, die diese Straße heute zu bieten hat. Sie war einst die direkte Verbindung vom Markt zur Weser und daher eine gute Verkaufslage für Handwerker, besonders für die Böttcher. Ihre Fässer standen zu Hunderten auf den Segelschiffen, gefüllt u.a. mit Süßwasser, Bier, Wein oder Rum, mit gesalzenem Fleisch, Fisch und anderen Lebensmitteln bis hin

zum „Schiffszwieback", dem täglichen Brot der Schiffsbesatzungen. Als im 16. Jahrhundert der Hafen wegen Versandung der Weser nach Norden verlegt wurde, verlor die Straße ihre Attraktivität.

Ab 1902 erwarb der Kaffeekaufmann und Kunstmäzen Roselius, Erfinder des koffeinfreien Kaffees, nach und nach alle Häuser der 100 m langen Böttcherstraße, die er mit Hilfe von drei Architekten zu einem Kulturzentrum ausbaute. Die rechte Zeile beginnt mit vertrauten historischen Formen am langgestreckten Sieben-Faulen-Haus, links jedoch zeigt sich am unkonventionellen Paula-Becker-Modersohn-Haus (1926/27), zu

welchen architektonischen Eska-
paden der Worpsweder Bildhauer
Bernhard Hoetger fähig war [34].
Im Zentrum der Eingangshalle
erhebt sich eine Statue „Mutter
mit Kind", ebenso ein Werk Hoetgers wie der Lichtbringer am Eingang der Straße.

Um die Halle gruppieren sich
Läden, die Kunsthandwerk feil-
bieten. Von hier gelangt der Besucher auch in den innen liegenden
Handwerkerhof. Wie schon sein
Name vermuten lässt, arbeiten in
den angrenzenden Werkstätten
u.a. Goldschmiede, Glasbläser und
eine Puppenmacherin. Mitten in
den kleinen Hof platzierte Hoetger seinen **„Brunnen der Sieben
Faulen"** [36], auf der Brunnenröhre
die Figuren der Bremer Stadtmusikanten. Während sie zu internationaler Berühmtheit gelangten, sind
die Namensgeber des Brunnens,
vom Künstler als gemütliche, über-
gewichtige Herren dargestellt, nur
in Bremens Umgebung bekannt.
Von hier stammt wohl auch die
Sage von den sieben Bauernsöh-
nen, die zu faul waren, Wasser aus
der Weser zu holen, und deshalb
einen Brunnen bohrten; die ihren
Weg pflasterten, um nicht die ste-
cken gebliebenen Wagen aus dem
Schlamm wuchten zu müssen; die
Bäume vor ihrem Haus pflanzten,
um sich den Weg in den Wald zu
ersparen. Hoetger erkannte, wie
viele Bremer auch, dass diese Art
der Faulheit durchaus nachah-
menswert sei und Ansporn für
manche Rationalisierung. So sah
es wohl auch der Bauherr Roselius,
dem Hoetger hier im Hof ein eher
unauffälliges Denkmal setzte [40].

34. Abendstimmung in der Böttcherstraße,
links das Paula-Becker-Modersohn-Haus.

35. Der „Lichtbringer" am Eingang zur
Böttcherstraße.

36. Handwerkerhof mit dem Brunnen der Sieben Faulen (Bernhard Hoetger).

Im **Paula-Modersohn-Becker-Museum** [37], heute Sitz der Kunstsammlungen Böttcherstraße Bremen, hat der Kaufmann vor allem die Worpsweder Künstlerin geehrt, die schon mit 31 Jahren gestorben war und deren Werke in den zwanziger Jahren noch wenig Beachtung fanden. Roselius aber sammelte ihre Bilder, Zeichnungen und Skizzen und gab ihnen mit diesem Haus einen eindrucksvollen Rahmen.

Die oberen Räume des von ihm geschaffenen Gebäudes sind dem Werk Bernhard Hoetgers gewidmet, der zweifellos in der Böttcherstraße die deutlichsten Akzente setzte. Im benachbarten Museum im Roselius-Haus [43] hat der Bauherr seine Sammlung kunstgewerblicher Glanzstücke sowie Bilder und Skulpturen vor allem niederdeutscher Kunst (14.-19. Jh.) untergebracht. Ein weiterer Anziehungspunkt ist der Silberschatz der „Compagnie der Schwarzen Häupter aus Riga", einer

bremischen Bruderschaft zur Zeit der Hanse. Sehenswert ist auch das riesige Patrizierhaus (14. Jh., Fassade 15. Jh.) selbst, das in seiner Vielzahl repräsentativer Räume den Besucher immer von neuem begeistert. Das gegenüberliegende Haus St. Petrus, dem Bremer Stadtpatron gewidmet, beherbergt heute ein Restaurant, eine Gastrogalerie sowie ein Weinkontor.

Links erweitert sich die Böttcherstraße zum St.-Petrus-Platz, der zeitweise von Besuchern bevölkert wird. Dann nämlich erklingt das Glockenspiel am romantischen Giebel des nach ihm benannten Hauses. Die Glocken aus Meißener Porzellan [39] erklingen in einer Melodienfolge von Seemannslie-

37. Das Paula-Modersohn-Becker-Museum im Roselius-Haus.

dern, während sich das Mittelstück des Turms dreht und auf 10 kolorierten Holztafeln die Bildnisse berühmter Ozeanbezwinger erscheinen – vom Wikinger Leif dem Glücklichen [38] über Kolumbus und Lindbergh bis Graf Zeppelin. Nach Ideen von Roselius schuf wiederum Hoetger die Schnitzwerke, ebenso das links abschließende Haus Atlantis. Benannt nach dem sagenhaften versunkenen Erdteil, führt in seinem Innern eine freistehende Wendeltreppe hinauf in den *„Himmelssaal"*. Hier hatte Roselius einst seine umfangreiche vorgeschichtliche Sammlung untergebracht, die man inzwischen erweitert und nach Worpswede verlagert hat. Zusammen mit diesem Haus, das inzwischen zu einer Hotelkette gehört, bildet das Robinson-Crusoe-Haus die abschließende enge Gasse der Böttcherstraße. Im scharfen Kontrast zu jenem modernen Gebäude führen die weit vorkragenden Obergeschosse des Fachwerkbaus den Beschauer in die vergangenen Zeiten des Abenteurers Robinson Crusoe zurück. In der Urfassung des Romans soll Robinsons Familie Kreutzner geheißen haben, die es aus Bremen nach Hull in England verschlagen hatte. Die vergoldeten Köpfe an der Fassade machen neugierig auf das Innere des Gebäudes, in dessen Treppenhaus wiederum geschnitzte und farbig bemalte Holztafeln die Abenteuer Robinsons erzählen.

Die Böttcherstraße ist in Bremen bekannt als eine Straße der Kunst und des Kunsthandwerks, sie beherbergt jedoch u.a. auch gepflegte Läden und gastliche Lokale, die zur Kneipenszene der Altstadt gehören.

38. Holzgeschnitzte Tafeln zeigen berühmte Ozeanbezwinger.

39. Böttcherstraße: Glockenspiel aus Meißener Porzellan.

Kunstsammlungen Böttcherstraße Bremen:
Paula-Modersohn-Becker-Museum / Museum im Roselius-Haus
Tel. 04 21-3 36 50 66/77, www.pmbm.de, Öffnungszeiten: Di.-So. 11-18 Uhr. Öffentliche Führung: jeden Sonntag 11.30 Uhr

Glockenspiel: stündlich 12-18 Uhr (Januar–April 12, 15, 18 Uhr)

Die Böttcherstraße: www.boettcherstrasse.de

40. B. Hoetger: Büste L. Roselius, 1922
41. St. Georgsreliquiar aus Riga, 1507

42. Paula Modersohn-Becker: Liegende Mutter m
43. Museum im Roselius-Haus, Treppensaal.

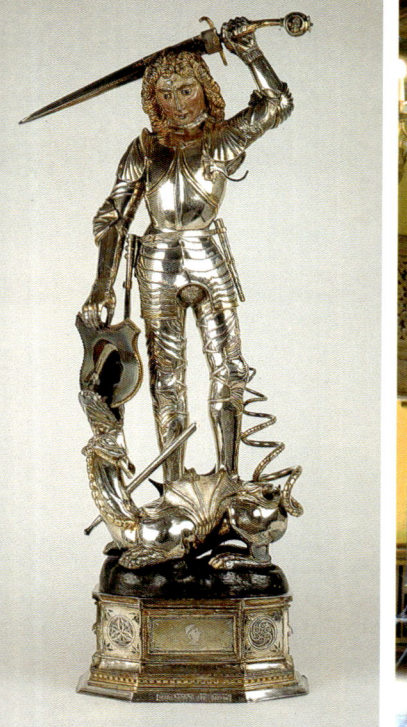

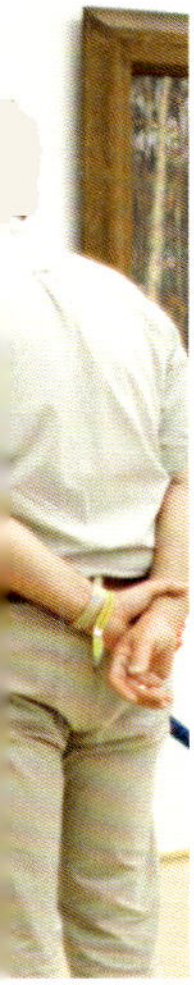

nd.

44. Skulpturen im Paula-Modersohn-Becker-Museum.
45. Paula Modersohn-Becker: Selbstbildnis am 6. Hochzeitstag 1906.

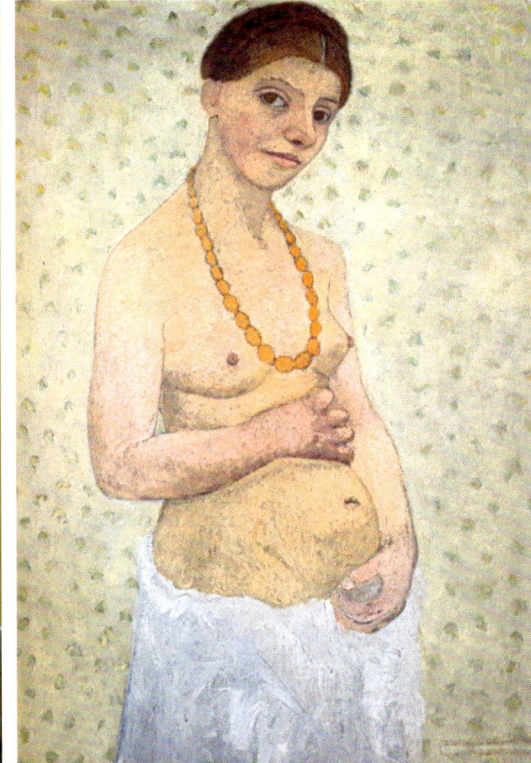

Am Martinianleger C

Am Ende der Böttcherstraße treten wir hinaus zur verkehrsreichen Martinistraße, die nach der rechts aufragenden Kirche benannt ist. Eine Unterführung geleitet zum **Martinianleger** [46], von dem aus **Hafenrundfahrten** (ca. 1½ h) angeboten werden.

Hier im Bereich der **Schlachte** befand sich 750 Jahre lang Bremens innerstädtischer Hafen. Heute legen hier vor den Fassaden historischer Speicherhäuser meist Freizeitkapitäne an, aber auch die Nachbauten der Kogge (14. Jh.), des Weserkahns „Franzius" sowie der 40-Geschütz-Fregatte „Admiral Nelson" (beide 19. Jh.) finden immer Bewunderer [47]. Die völlig neu gestaltete Weserpromenade vermittelt zwischen dem modernen Stadtteil und dem Strom und lädt ein zum Flanieren und Träumen [53]. Restaurants und Biergärten auf dem angrenzenden „Festland" geben dem Besucher Gelegenheit, nette Menschen zu treffen und das pulsierende Treiben auf der Promenade zu beobachten an dem Ort, wo das maritime Leben Bremens seine Wurzeln hat.

46. Besonders bei schönem Wetter herrscht an der Weserpromenade reges Treiben. Im Strom liegen historische Schiffe vertäut.

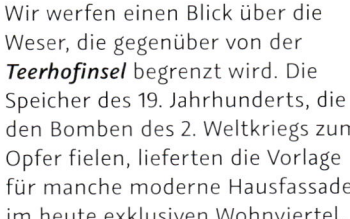

47. An der Schlachte: die „Admiral Nelson" und die Martinikirche.

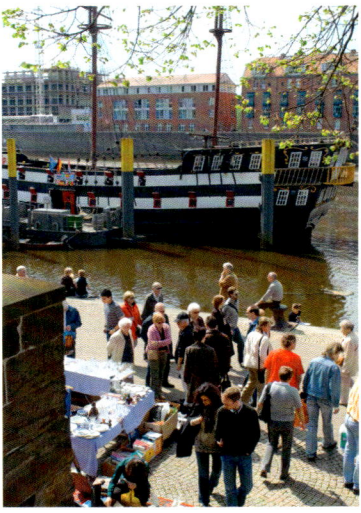

48. Antik- und Trödelmarkt an der Schlachte.

Wir werfen einen Blick über die Weser, die gegenüber von der **Teerhofinsel** begrenzt wird. Die Speicher des 19. Jahrhunderts, die den Bomben des 2. Weltkriegs zum Opfer fielen, lieferten die Vorlage für manche moderne Hausfassade im heute exklusiven Wohnviertel.

Kurz vor dem Zusammenfluss von Weser und Kleiner Weser an der Bürgermeister-Smidt-Brücke hat man in den Räumen einer ehemaligen Kaffeerösterei das **Neue**

Museum Weserburg [49] eingerichtet. Es ist das größte deutsche Sammlermuseum internationaler zeitgenössischer Kunst ab den 60er Jahren und genießt beim Kunstpublikum einen exzellenten Ruf. Einen Besuch wert ist auch die Ausstellung der **Gesellschaft für Aktuelle Kunst**, im selben Gebäude untergebracht wie die „Weserburg". Nordwestlich von hier erstreckt sich auf dem Gelände des alten Hafens seit dem Jahr 2000 ein riesiges Neubau- und

Hafenrundfahrt:

Hal över, Schlachte 2, Tel. 0421-33 89 89, www.hal-oever.de, Mai–Sept.: täglich 10.15, 11.45, 13.30, 15.15, 16.45 Uhr; Okt.+April: täglich 11.45, 13.30, 15.15 Uhr, zusätzlich Sa., So., feiertags 10.15, 16.45 Uhr; Feb. Sa.+So. 13.30, 15.15 Uhr; März: Sa., So., feiertags 10.15, 11.45, 13.30, 15.15, 16.45 Uhr; Nov., Jan.: keine Fahrten; Dez.: Sa., So., feiertags 13.30, 15.15 Uhr; Gruppen nach Vereinbarung

Neues Museum Weserburg:

Teerhof 20, Tel. 0421-59 83 90, www.weserburg.de, Di., Mi.+Fr. 10-18 Uhr, Do. 10-21 Uhr, Sa.+So. 11-18 Uhr, Mo. geschlossen

49. *Das Weserburg Museum für moderne Kunst befindet sich in vier ehemaligen Speichergebäuden auf der Teerhofinsel.*

50. *Neues Museum Weserburg: Mann am Fenster.*

51. *Ausstellungsraum des Weserburg Museums für moderne Kunst.*

52. *Blick von der Terrasse des „Beluga Hauses" über den Teerhof.*

Planungsgebiet, die **Überseestadt**. Sie wird dominiert von den Wohntürmen Weser-Tower und Landmark-Tower.

Jenseits der Teerhofinsel liegt in der Alten Neustadt ein umfangreiches Industriegebiet mit bekannten Großfirmen (Kaffee, Schokolade, Bier). Die beiden Großbrauereien knüpfen an eine 700jährige Tradition Bremer Bierexporte an und haben einen Anteil von etwa 20 % am gesamten deutschen Bierexport.

Bereits kurz hinter der Stephaniund der Eisenbahnbrücke liegt rechts der Weserbahnhof mit seiner 500 m langen Kaimauer. Wegen des Tidenhubs (durchschnittlicher Wassertiefenunterschied zwischen Ebbe und Flut) von immerhin 3,30 m müssen diese Uferbefestigungen sehr hoch gebaut werden, eine kostenaufwändige Maßnahme. Ab der folgenden Landzunge, rechts, beträgt die Wassertiefe durchschnittlich 10 m, so dass die Seeschiffe hier zum Europahafen einschwimmen können. Er besitzt eine moderne Ro-Ro-Anlage (Roll on/Roll off) sowie Container-Verladebrücken, was – als Markenzeichen der modernen Bremer Häfen – zusammen mit der Computersteuerung einen schnellen Güterumschlag

53. *Das Flair des historischen Hafens mit seinen Speicherhäusern nahe dem Weserufer lockt täglich Tausende von Besuchern zur Weserpromenade im Bereich der Schlachte.*

und damit kurze Liegezeiten der Schiffe gewährleistet. Der Europahafen, 1885-1888 erbaut, liegt im Zollausland, d.h. die Güter werden erst dann verzollt, wenn sie auf dem Land- oder dem Wasserweg den eingezäunten Freihafen verlassen. Bei der Ausfahrt in die Weser sehen wir rechts die Schwimmdocks und den Werfthafen der ehemaligen AG Weser. Einst Bremens größte Werft, baute sie bis 1983 zahlreiche Großschiffe, so 1928 mit der „Bremen IV" ein Passagierschiff der Luxusklasse, und Großtanker. Nachdem 1997 auch die Vulkan-Werft in Konkurs ging, ist hier in Bremen ein traditionsreicher Industriezweig

54. Containerschiffe im Neustädter Hafen.

ausgestorben. Lediglich im Stadtteil Vegesack existiert noch die Werft Friedrich Lürssen. Hinter dem Werfthafen ziehen sich die ausgedehnten Kaianlagen des

55. Die Skyline von Bremens Altstadt über der Weser im Abendlicht. Im Stadtzentrum die Zwillingstürme des St.-Petri-Doms, links davon der Turm der Kirche Unserer Lieben Frauen, im Hintergrund der Fernsehturm im Westen der Hansestadt.

Industriehafens, der durch den Einbau einer 170 m langen Schleuse von den Gezeiten unabhängig ist. Auf der linken Weserseite liegt mit dem Neustädter Hafen [54] die modernste der stadtbremischen Anlagen dieser Art, erbaut 1964. Nachdem hier zunächst vorwiegend Container umgeschlagen worden waren, liegt der Schwerpunkt heute beim Stückgut und der Projektladung. In diesem Bereich ist der Terminal der größte Europas, ausgestattet mit riesigen Hallen und Freiflächen.

Kein Besucher der Hafenanlagen sollte hier in Bremen Seemannsromantik suchen. Er findet stattdessen modernste computergesteuerte Technik. Dadurch ist es Bremen gelungen, auch in den heute schwierigen Zeiten etwa 100.000 Arbeitsplätze zu erhalten, die direkt oder indirekt vom Hafen abhängen. Dazu gehören beispielsweise die Bremer Baumwollbörse, die seit 1872 besteht und der wiederum das „Faserinstitut Bremen" angeschlossen ist, und die deutsch-indonesische Tabakbörse, die beide über Begutachtung und Preis die Qualität der entsprechenden Einfuhrgüter mitbestimmen.

56. *Romantischer Winkel im Altstadtviertel „Schnoor".*

Im Schnoor ⒟

Ab dem Martinianleger folgen wir den Bodenmarkierungen in Richtung „Schnoor" [56]. Am Anleger 4 in Höhe der Wilhelm-Kaisen-Brücke ankert das „Theaterschiff" in der Weser. Die Markierungen führen uns direkt in das mittelalterlich anmutende Stadtviertel. Seinen Namen hat es von der Schnur, und tatsächlich wirken die schmalen Häuser wie auf einer Schnur aufgereiht.

Auf diesem Platz hatten sich zunächst Fischer und Schiffer angesiedelt, deren Holzhäuser wegen der ständigen Hochwassergefahr auf Warften – Erdhügeln – standen. Bereits im 8.

Jahrhundert unterhielten sie eine Fährverbindung über die Weser, der im 13. Jahrhundert die erste Brücke folgte. Daraufhin siedelten sich Handwerker und Händler auf der Insel an, die von der Weser und ihren Nebenarmen Balge und Klosterbalge gebildet wurde. Die Besitzer der Häuser direkt an der schiffbaren Balge durften ihre Aborte gegen eine Gebühr als Erker über das Wasser hinausbauen und hatten so bereits „Wasserspülung". Allerdings gab es manchmal Beschwerden von Schiffern, die darum baten, die Aborte nur dann zu benutzen, wenn kein Schiff vorbeifuhr. Da auch die anderen Inselbewohner ihren Kot und den ihrer Haustiere in den Flussarm schütteten, ebenso natürlich die Schiffer, die hier im ältesten Hafen Bremens ankerten, ergab sich die Notwendigkeit für die Stadt, die Balge alle 60(!) Jahre gründlich reinigen zu lassen.

Im 16. und 17. Jahrhundert war das Stadtviertel ein beliebtes Wohngebiet auch der angesehenen Bürger, zu erkennen an manch reich verzierten Häusern mit dem typischen Erker. Im 19. Jahrhundert zogen viele von ihnen in die modern gewordenen grünen Vorstädte, Arbeiter und arme Leute zogen in den Schnoor. Die vorläufig letzte Veränderung erfuhr das Viertel ab 1959, als die Bremische Bürgerschaft eine grundlegende Sanierung der heruntergekommenen historischen Bausubstanz beschloss. Unter Mithilfe der Hausbesitzer

57. Im Schnoor: gleichnamige Altstadtgasse in Bremens romantischstem Quartier.

58. Blick vom Turm der Musikhochschule an der Dechanatstraße auf den Gasthof „Zum Kaiser Friedrich" und die Schnoorkrämerei.

gelang es, ein reizvolles altes Stadtviertel so zu modernisieren, dass das Innere der Häuser für Bewohner attraktiv wurde, ohne den mittelalterlichen Charme zu

59. Statue des hl. Jacobus d. Ä. am Packhaus.

gefährden. Heute gilt der Schnoor mit seinen etwa 100 Häusern auf nur 2,2 ha Fläche als eine der beliebtesten Touristenattraktionen der Stadt.

Dennoch ist er nicht zur Museumsstadt degeneriert: Neben Wohnhäusern gibt es hier unzählige Kunstateliers und Galerien, Läden für Kunsthandwerk, Antiquitäten und den täglichen Bedarf, Cafés, Restaurants und urige Kneipen in einer einmaligen Atmosphäre. Wer durch die

engen Gassen schlendert [57], wird auf Schritt und Tritt originelle Details entdecken: Schlusssteine mit Jahreszahlen und Dekors, hübsche Schmuckfiguren und Bildwerke, Gedenktafeln, Ausleger und Türgewände. Ein Brunnen am Stavendamm [60] erinnert an die einstige Badestube, ein bronzenes Denkmal an das Bremer Original Heini Holtenbeen (1835-1909). Diesen Spitznamen hatte er erhalten, nachdem er während seiner Lehrzeit aus einer Bodenluke gefallen war und neben Kopfverletzungen auch den Verlust eines Beins zu beklagen hatte. Seine humorigen Aussprüche gaben Anlass zu mancher Anekdote, und der „Schnoor-Verein Heini Holtenbeen" hat ihn in seinem Vereinsnamen, mit dem genannten Denkmal sowie mit einem Grabstein auf dem Oberneulander Friedhof geehrt.

Der „Ottjen-Alldag-Brunnen" bezieht sich auf eine Romanfigur des Bremer Heimatdichters Georg Droste, der mit 20 Jahren erblindet war und als Korbmacher sein Leben fristete. Während seiner Arbeit erzählte er selbsterfundene Geschichten, die seine Kinder aufschrieben. Das Denkmal zeigt Ottjen Alldag im Netz der Schicksalsfäden, verbunden mit einem Gedenkspruch auf den blinden Dichter.

Eine Statue – am Packhaus in der Straße „Wüste Stätte" – ist dem hl. Jakobus Major (dem Älteren) gewidmet [59]. Den Apostel hatte Herodes wegen seiner Missionstätigkeit hinrichten lassen. Der Überlieferung nach legten seine Anhänger die Leiche in ein Boot,

60. Stavendamm im Schnoor. Hier erinnert nur noch der Brunnen von Jürgen Cominotto an das Treiben in den ehemaligen Badestuben, die sich hier im Mittelalter befanden und eine Stätte der ‚Sittenlosigkeit' gewesen sein sollen.

das bis zur Küste Spaniens trieb, dem Ort, wo er gelehrt hatte. Dort begrub man ihn, errichtete im 11./12. Jahrhundert über dem Grab eine prächtige Kathedrale und nannte den Ort Compostela von da an Santiago (St. Jakob) de Compostela. Sein Grab war im Mittelalter neben Rom und Jerusalem das häufigste Ziel von christlichen Pilgern, die zu Land und zu Wasser dorthin zogen. Auch von Bremen aus brachten ungezählte Schiffe Pilger an ihr Ziel, was wiederum den Schiffern und Herbergen zu Verdienst verhalf. Kein Wunder, dass die Hansestadt den Schutzheiligen der Pilger dankbar verehrte. Das Gebäude diente in früheren Zeiten als Lagerhaus, **Packhaus** genannt. Hier ist heute das **Bremer Geschichtenhaus** untergebracht. Erzähler in historischen Kostümen lassen die Stadtgeschichte des 17. bis 20. Jahrhunderts lebendig werden [61].

Am Rand des Schnoorviertels gegen die Balgebrückstraße erhebt sich die einzige erhaltene ehemalige **Klosterkirche** Bremens. Sie entstand im 14. Jahrhundert im Stil norddeutscher Backsteingotik für den Bettelorden der Franziskaner. Nach der Reformation gelangte

61. Erzähler im „Bremer Geschichtenhaus".

62. Moderne Anbauten ergänzen das Raumangebot in der Bremer Kunsthalle.
63. Zentraler Saalumgang im Gebäude des Bremer Kunstvereins von 1823.

64. Kunsthalle: Malerei des deutschen Impressionismus.

das Gotteshaus an die Stadt Bremen, die es als Ausweichkirche und für Minderheiten zur Verfügung stellte. 1816 übergab sie die Stadt an ihre katholische Gemeinde. Sehenswert ist vor allem der harmonische Westgiebel, der als Meisterwerk der Backsteinarchitektur gilt. Parallel zur zentralen Straße „Im Schnoor" verläuft die Kolpingstraße. Hier ließ der Birgittenorden 2001 ein postmodernes Klostergebäude errichten, die erste Klostergründung in Bremen seit der Reformation. In der Tradition der Heiligen Birgitta von Schweden (14. Jh.) leben die Schwestern in ökomenischer, internationaler Gemeinschaft nach dem Motto „ora et labora" – bete und arbeite. Für zahlreiche Besucher der beiden großen Konfessionen entwickelte sich das 2002 geweihte Kloster zu einem beliebten Anlaufpunkt. Im Haus Kolpingstr. 9 bietet das Verzehrtheater „Teatro Magico" Travestieshows und Events an.

Uns bergan haltend, erreichen wir die Ostertorstraße, auf der wir uns vom nahen Dom entfernen. Die linke Straßenseite wird von den mächtigen Gebäuden des Gerichts und der Polizei dominiert, typischen Monumentalbauten aus wilhelminischer Zeit. Die folgende Hauptverkehrsstraße markiert den Verlauf der abgebrochenen Stadtmauer, der sich nach außen Zwinger, Graben, Wall und Schanzen

65. Papageienallee (1902), Ölgemälde von Max Liebermann in der Kunsthalle Bremen.

anschlossen. Hier wird die Grünanlage durch die wuchtige **Kunsthalle** E (1847-49, Umbau um 1900, Generalsanierung 1998) unterbrochen [62-65]. Sie enthält teils bedeutende Werke europäischer Malerei ab dem 14. und Skulpturen ab dem 16. Jahrhundert bis zur Gegenwart sowie herausragende Werke der Medienkunst.

Das Kupferstichkabinett gehört mit 200.000 Blatt Handzeichnungen und druckgrafischen Blättern zu den bedeutendsten Sammlungen ihrer Art in Europa. Dies erstaunt umso mehr, wenn man erfährt, dass sie von einem

Kunsthalle:
Am Wall 207, Tel. 04 21-32 90 80, www.kunsthalle-bremen.de, Öffnungszeiten: Di. 10-21 Uhr, Mi.-So. 10-17 Uhr, Mo. geschlossen; Benutzerzeiten des Kupferstichkabinetts: Di. 10-18 Uhr

66. Blick von der Wallanlage in Richtung Ostertorwachhäuser.

privaten Verein zusammengetragen wurde. Der Bremer Kunstverein von 1823, einer der ältesten in Deutschland übrigens, hat hier unter Mithilfe zahlreicher Sponsoren Hervorragendes geleistet.

Ein kurzes Stück weiter markieren die baugleichen **Ostertorwachhäuser** ◻ den Ort des einstigen östlichen Stadttors [66]. An seiner Stelle entstanden sie 1825 als Gefängnis und Zollhaus. Das rechte Torhaus beheimatet

Gerhard-Marcks-Haus:
Am Wall 208, Tel. 04 21-32 72 00, www.marcks.de,
Öffnungszeiten: Di.-So. 10-18 Uhr, Führungen: Do. 17, So. 12 Uhr

Wilhelm Wagenfeld Haus:
Am Wall 209, Tel. 04 21-3 38 81 16, www.wwh-bremen.de,
Öffnungszeiten: Mo. geschlossen, Di. 15-21 Uhr, Mi.-So. 10-18 Uhr

67. Ausstellungsraum im Gerhard-Marcks-Haus mit Werken des Namensgebers.

68. Das klassizistische Ostertorwach-haus dient heute als Museum.

heute als **Gerhard-Marcks-Haus** [67-68] Werke des Bremer Bild-hauers, Schöpfers der Skulptur der Stadtmusikanten am Rathaus. Daneben organisiert das Museum wechselnde Ausstellungen der modernen Bildhauerei und Grafik und bietet im Atelier Kurse an in Zeichnen, Druckgrafik, Modellieren und Bildhauerei.

69. Das Design-Zentrum-Bremen im Wilhelm Wagenfeld Haus zeigt Industrie-design und Alltagskultur des 20. Jahrhunderts.

Im Ostertorviertel

Jenseits der Wachhäuser beginnt das Ostertorviertel, Bremens bekanntestes Vorstadtquartier. Gleich drei der fünf städtischen Theater konzentrieren sich am **Goetheplatz** 🄶: das „Theater am Goetheplatz" (Oper, Operette, Musical), das Schauspielhaus (Schauspiel, Tanztheater) und der intimere Brauhauskeller (kleine Schauspiele, Lesungen). Rechts abgesetzt vom „Theater am Goetheplatz" steht die spätklassizistische Villa Ichon (1849), die durch ihren reichen Fassaden- und Deckenschmuck besticht [71]. Sie wird heute als Veranstaltungshaus für verschiedene kulturelle und soziale Initiativen genutzt. Hier

beginnt der **Ostertorsteinweg** mit Boutiquen und Läden für jeden Geschmack.

Ein kurzer Abstecher durch das **„Milchquartier"** 🄷 führt uns durch die Mittelstraße, dann links abbiegend „Beim Paulskloster" und Köpkenstraße, über die Poststraße zurück zur Hauptgeschäftsstraße. Unterwegs erhalten wir Anschauungsunterricht darin, wie man trotz enger Reihenhausbebauung durch individuelle Fassadengestaltung ein harmonisches Gesamtbild schaffen kann [73]. Im Milchviertel wohnten meist Arbeiter, so dass hier das schlichte Wohnhaus anzutreffen ist. Das Wohngebiet

70. Typisch bürgerlich-bremische Reihenhäuser.

71. Ostertorviertel: Im Theater am Goetheplatz werden Opern, Operetten und Musicals aufgeführt.

gefällt aber durch das belebende Grün der Vorgärten und die idyllische Abgeschiedenheit. Zurück zum Ostertorsteinweg, einst eine der ersten gepflasterten Straßen, entfernen wir uns noch ein Stück von der Altstadt, ehe wir links in die Blumenstraße einbiegen. Ein schönes Ensemble Bremer Voror-thäuser erwartet uns in der folgenden Kreftingstraße. In der 1860-1863 bebauten Straße wohnten vornehme Bürger. Sie steht heute als Musterbeispiel des Bremer Haustyps unter Denkmalschutz. Typisch sind die zwei- oder dreistöckigen Fassaden der Reihenhäuser, die zur Straßenseite hin ein scheinbar abgesenktes Souterrain besitzen. Dies entstand durch das Aufschütten der Straßen. Gegen den Garten ist das volle Geschoss sichtbar, der Ausgang ebenerdig.

Entsprechend benutzte man das Souterrain teils als Keller und Waschküche, teils als Küche und Toilette. Im Hochparterre waren Wohn-, Ess- und Empfangszimmer untergebracht, im Obergeschoss die Schlafräume. Darüber gab es Schlafkammern für das Hauspersonal. Bedingt durch die Größe der Einfamilienhäuser und die fehlende Aufteilungsmöglichkeit in mehrere Wohneinheiten, hat sich das größere Bremer Haus besonders auch für Wohngemeinschaften als attraktiv erwiesen. Daher leben in diesem Stadtviertel auch überproportional viele Studenten. Am Ausgang der Kreftingstraße folgen wir der breiten Verkehrsstraße „Am Dobben" bis zur nächsten Kreuzung, wo wir rechts in die Humboldtstraße und von dieser gleich links in die **Mathildenstraße**

72. Viertelfest: Ein Stadtteil feiert mit seinen Gästen.

73. Alte Bremer Häuser: individuelle Fassaden trotz Reihenhausbebauung.

1 einbiegen. Mit deren Bebauung wurde 1869 unter Baumeister Rutenberg begonnen, der sie nach seiner Ehefrau benannte. Die Straße gilt als schönste der erhaltenen Vorstadtstraßen mit besonders gut gelungenen Beispielen architektonischer Gestaltung wie die der Häuser Nr. 94, 99 und

100. Hier wohnten wohlhabende Bürger, die auf eine kunstvolle Fassadengestaltung gegen die Straße ebenso wert legten wie auf eine prunkvolle Innenausstattung.

Über die Feldstraße erreichen wir erneut „Am Dobben". Hier links und gleich in die Bohnenstraße rechts einbiegend, gelangen wir in die Gertrudenstraße. Von dieser führt ein Durchgang in eine besonders gelungene Hofanlage, *„Auf den Höfen"* **J** [75]. Neben kleinen Läden und Ateliers ziehen vor allem die gemütlichen Gaststätten Kunden an. Hierhin fühlen sich besonders die jüngeren Leute magisch angezogen. Aber auch anderswo im Ostertorviertel blüht in Cafés, Bars und Kneipen das Nachtleben, zumal es am Wochenende keine Polizeistunde gibt [72]. Ein weiterer Durchgang leitet uns hinaus zur Straße „Auf den Häfen", in die wir nach rechts einbiegen. An ihrem Ende halten wir uns halblinks und folgen dem Imre-Nagy-Weg in Richtung Altstadt. Wo er in den Präsident-Kennedy-Platz

74. Ökomarkt auf dem Ullrichsplatz.

einmündet, steht rechts der moderne Zweckbau des **Staatsarchivs**  🅺. Sein Hauptportal ziert ein hübsches Wappen von 1591 mit dem Bremer Schlüssel, Symbol für den Stadtpatron Petrus wie für die Bewohner [76]. Sie sehen ihn als Schlüssel zur Welt in Bezug auf den lebenswichtigen Hafen, ebenso als wichtiges Instrument für die Wahrung der häuslichen Abgeschiedenheit.

75. Stimmungsvolle Hofanlage „Auf den Höfen".

76. Historisches Wappen von 1591 am Staatsarchiv.

Zurück ins Zentrum

Nach dem Überqueren des Stadtgrabens betreten wir die *Wallanlagen*, denen wir, vorbei an der Bronzegruppe *„Rosselenker"* (1902), auf einem der Parkwege nach rechts folgen [78]. Bei der nächsten Straße „Am Herdentor" fällt unser Blick auf eine schöne Windmühle [77], eines der Wahrzeichen Bremens, ehe wir uns in Richtung Stadtzentrum wenden. Dorthin führt die *„Sögestraße"* 🄻, deren Name uns durch eine Bronzegruppe mit Schweinen (Sauen) sowie einem Hirten nebst Hund vor Augen geführt wird [80]. Ihr Name stammt

77. Ein Wahrzeichen Bremens ist die historische Windmühle in den Wallanlagen.

ebenso wie der des Herdentors von den zahlreichen Haustieren, die in früherer Zeit auf dem Weg zur und von der nahen Bürgerweide diese Stelle passierten.

Die Straße liegt heute im Zentrum des Einkaufsviertels, das sich von hier nach rechts und links dehnt. In der *Lloydpassage* [79] und der Katharinen-Passage, beide überdacht, ist ein Einkaufsbummel auch bei widrigem Wetter eine Freude. So könnten wir unseren Rundgang, anstatt geradeaus dem Marktplatz zuzustreben, mit einem Abstecher durch die Lloyd-passage (2. Straße rechts) und an ihrem Ende links über die Papen-straße und die Obernstraße (noch-mals links) beenden.

79. Überdachte Einkaufsstraße in der Innenstadt: die „Lloydpassage".

78. Skulptur „Der Rosselenker" (Louis Tuaillon, 1902), geschütztes Kultur-denkmal in den Wallanlagen.

80. Schweinehirt mit Hund und Sauen (niederdeutsch „Sögen"), Figurengruppe am Eingang zur Sögestraße.

81. Das Übersee-Museum gilt als hochmoderne Erlebnis- und Bildungseinrichtung.

Außerhalb des Rundgangs

Weitere Sehenswürdigkeiten

Während die wichtigsten Sehenswürdigkeiten der Altstadt und des
Ostertorviertels innerhalb unseres
Rundgangs liegen, erwähnen wir
an dieser Stelle weitere sehens-
werte Einrichtungen der Hansestadt.

Das **Übersee-Museum** [81] am
Bahnhofsvorplatz zeigt die Verbindung der alten Hansestadt
mit fremden Erdteilen. Bis zum
Jahr 2010 wurde die Sammlung in
modernster Form überarbeitet. So
vermittelt besonders die Abteilung
„Ozeanien – Lebenswelten in der
Südsee" mit Neuen Medien einen
überwältigenden Eindruck vom
erlebnisreichen Museumsbesuch

der Zukunft. Zusammen mit dem
Pflanzenkundemuseum botanika,
dem Universum® Science Center
und vier Einrichtungen der Havenwelten in Bremerhaven bildet das
Überseemuseum einen wesent-
lichen Teil der von der EU geför-
derten Wissenswelten Bremen/

82. Im Bürgerpark: Statue „Jüngling
und Schicksalsgöttin" (1878).

Bremerhaven. Über den *Klangbogen* (begehbares Kunstwerk mit Hörgenuss) gelangt man zur ÖVB-Arena (ehemals Stadthalle, 2004-2005 saniert und umgebaut). 1993 erweiterte die Stadt das Gebäude um ein modernes Congress-Centrum (CCB). Hier wurden im Jahr 1997 Messehallen angebaut, ein weiterer Schritt der Hansestadt zum Anziehungspunkt für Tagungen und Messen [89].

Nach Nordosten schließt sich der *Bürgerpark* [82] an, vor 130 Jahren von Bremer Bürgern gestaltet und

Zwecke; Kaffeehäuser, je ein Restaurant und Biergarten sowie das exklusive Parkhotel laden zur Rast ein [83].

An der Bahnlinie geht der Bürgerpark in den *Stadtwald* über, wo Langstreckler auf dem naturgefederten Waldboden der „Finnbahn" ihre Runden ziehen. Der ausgedehnte Uni- oder Stadtwaldsee zieht neben Bade- und Surffreunden auch Campinggäste an. Nordwestlich vom Zentrum (Waller Heerstr. 165) befindet sich eines der größeren Theater der

83. Bürgerpark: Hollersee mit Parkhotel.

seitdem gepflegt und durch private Spenden erhalten. Bequeme Wege führen, vorbei an Kanälen und Seen, über weite Wiesen und durch lichte Wälder. Erholungssuchende und Freizeitsportler finden hier ein ideales Gelände für ihre

Stadt, das *Ernst-Waldau-Theater*. Es werden hier vor allem Volksstücke in norddeutscher Mundart aufgeführt, aber auch Komödien und Schauspiele der Weltliteratur, teils in niederdeutscher Übersetzung. In den Nebenräumen

Übersee-Museum/Übermaxx:

Bahnhofsplatz 13, Tel. 04 21-16 03 81 01, www.uebersee-museum.de, Öffnungszeiten: Di.-Fr. 9-18 Uhr, Sa.+So. 10-18 Uhr, Mo. geschlossen. Während der Bremer Schulferien Di.-So. 10-18 Uhr, Mo. geschlossen, feiertags geschlossen

Bremer Landesmuseum (Focke-Museum):

Schwachhauser Heerstr. 240, Tel. 699 600 0, www.focke-museum.de, Öffnungszeiten: Di. 10-21 Uhr, Mi.-So. 10-17 Uhr

84. Am Torfkahnhafen (Bürgerpark) starten Bremer und ihre Besucher zu einer romantischen und informationsreichen Kahnpartie.

sich die **MOKS Theaterschule**. Sie ist dem Bremer Theater angeschlossen und ganz auf Schüler und Jugendliche ausgerichtet.
Im weiteren Verlauf des Osterdeichs beginnt rechts mit dem **Weser-Stadion**, der Spielstätte des Fußball-Bundesligisten SV Werder Bremen, ein riesiges Areal mit Sportstätten aller Art [118].

Auf dem „Werder", der Flussinsel gegenüber, finden sich neben zahlreichen weiteren Sportanlagen kleinere Naturschutzgebiete und das **Olbers-Planetarium** mit seinen abendlichen öffentlichen Vorträgen (im Winterhalbjahr mittwochs um 19.30 Uhr, bei geeigneter Witterung Sternbeobachtungen). Jenseits der Kleinen Weser liegt am Leibnitzplatz ein weiteres Theater, die **„Bremer Shakespeare Company"**, das sich ganz den Stücken des berühmten Engländers verschrieben hat.

werden Veranstaltungen aller Art geboten: Ausstellungen, Lesungen, Frühschoppen, Theaterbälle und Kindertheater.

Weseraufwärts lockt der **Osterdeich** an schönen Wochenenden Tausende von Bremer Spaziergängern an. In einer Seitenstraße des Sielwall, der Schildstraße, befindet

85. Rhododendronpark: Herrlich blühende Vegetation entlang den Spazier–wegen im Park.

86. Erlebniszentrum botanika: Die feuchtwarme Atmosphäre des tropischen Regenwaldes, ergänzt durch seine typischen Geräusche und Gerüche, umfängt den „Besucher" der Insel Borneo.

Am einfachsten mit der Strab-Linie 4 erreicht man das **Focke-Museum** [87], das Bremer Landesmuseum für Kunst- und Kulturgeschichte, in der Schwachhauser Heerstraße. In vier Häusern zeigt es interessante Exponate aus Bremens Vergangenheit einschließlich der Vor- und Frühgeschichte und der Schifffahrt. Die Fayence-Öfen sowie die Porzellan- und Silbersammlungen bieten einen beeindruckenden Einblick in die gehobene Wohnkultur hanseatischer Kaufmannsfamilien. Nicht weit von hier, in Verlängerung der Heerstraße, lockt der **Rhododendronpark** [85] besonders zwischen Ende April und Anfang Juni Tausende von Gartenliebhabern an. Der in Deutschland einmalige Park beherbergt ca. 680 wilde Arten sowie über 2.000 Zuchtformen von Rhododendren und Azaleen auf 46 ha Fläche. Neu hinzugefügt hat man die **Botanika** [86+88], die als grünes Science Center die Besucher ganzjährig die verborgenen Prozesse im Naturhaushalt erleben lässt. Das interaktive Erlebniszentrum zeigt ihnen eindrucksvoll Zusammenhänge, die manchmal erst unter dem Mikroskop deutlich werden, lässt sie Stürme und Sonnenschein hervorrufen.

87. Bremer Landesmuseum (Focke-Museum): Modell einer Kogge.

Drei ferne Welten, naturgetreu nachempfunden, sind hier unter einem Dach vereint: die Gebirgswelt des Himalaja mit wuchtigen Felsformationen, einem acht Meter tiefen Wasserfall, der einzigartigen Pflanzenwelt und Zeugnissen der buddhistischen Kultur, dann der Regenwald Borneos mit den Geheimnissen des Ur-Volkes der Hampatongs sowie die meditative Atmosphäre eines japanischen Gartens, dessen Elemente nach strengen Regeln geordnet und gestaltet sind.

20 Minuten mit der Buslinie 25 sind es von hier zur **Galopprennbahn**, wo zwischen März und November regelmäßig Flach- und Jagdrennen durchgeführt werden.

88. Spannende Einsichten in den Naturhaushalt bietet die „botanika".

Die Überseestadt
In den vergangenen Jahrhunderten gehörte der innerbremische Hafen zu den weltweit modernsten seiner Art. Das änderte sich in den letzten Jahrzehnten des vergangenen Jahrhunderts mit dem Aufkommen der riesigen Containerschiffe mit entsprechendem Platzbedarf und Tiefgang, der Güterumschlag verlagerte sich zunehmend in Richtung Wesermündung. 1998 ließ der Bremer Senat schließlich das riesige Becken des

89. Abendbeleuchtung des Congress-Centrums auf der Bürgerweide.

botanika, das grüne Science Center:
Telefon 3 61 39 34, www.botanika.net, Sommer (März bis Oktober) Di.-Fr. 9-18 Uhr, Sa.+So.+feiertags 10-18 Uhr. Winter (Nov.-Feb.) wie im Sommer jedoch 2 Std. kürzer. Rhododendronpark/Botanischer Garten: täglich von 7 Uhr bis Sonnenuntergang

Überseestadt: Mini-Bus-Tour
Mit dem Mini-Bus durch die Überseestadt, Infos und Tickets unter Telefon 30 800 10 oder www.bremen-tourismus.de

90. Europahafen: Private Jachten und moderne Wohn- und Bürohäuser beherrschen heute das Bild.

Überseehafens auffüllen. Die neu gewonnene Fläche sowie überflüssig gewordene Areale – insgesamt 300 Hektar auf 4,5 km Länge zwischen Weser und Europahafen – werden seitdem in einen attraktiven Stadtteil modernen Zuschnitts umgewandelt mit schicken Lofts und Penthäusern [90]. Dabei wird die wertvolle historische Bausubstanz sorgfältig integriert, intakte Betriebe wie „Kellogg´s" und die Roland-Mühle am Rand des Holz- und Fabrikhafens werden geduldet, das historische Gebäude der Hafenfeuerwehr wurde zum Aussichtsrestaurant. Frei gewordene Kapazität im Becken des Europahafens steht heute Freizeitkapitänen zur Verfügung, die Stufen hinunter dienen als Sitzflächen auch bei Großveranstaltungen mit open-air-Bühne über dem Wasser. Im sanierten 400 m langen Speicher XI haben sich neben der Hochschule für Künste kleinere Firmen der Medienbranche sowie das interessante Hafenmuseum angesiedelt. Der 82 m hohe Weser-Tower und der kaum kleinere Landmark-Tower überragen die alten Speicher und Schuppen ebenso wie die modernen Büro- und Wohnhäuser.

91. „Sehen und gesehen werden" in der neu geschaffenen Überseestadt.

92. Einblicke in die Welt der Raumfahrt bietet eine Führung im EADS Astrium (Infos zu den Führungen s.S. 83 oder unter Tel. 30 800 10).

Industriestandort Bremen

Eine Hafenstadt im Wandel

Wenn auch heute noch fast jeder dritte Arbeitsplatz in Bremen mit der Hafenwirtschaft verbunden ist, so bleibt doch unübersehbar, dass sie im Laufe der vergangenen Jahrzehnte ständig an Bedeutung verloren hat. Ein stetiger Strukturwandel lässt die Stadt zunehmend zu einer Industrie- und Dienstleistungsmetropole werden. Jüngstes Beispiel ist der Überseehafen, dessen riesiges Becken zum Ende des vergangenen Jahrhunderts samt dem angrenzenden Areal überflüssig geworden war und das die Stadt 1998 verfüllen ließ. An seiner Stelle entstand und entsteht ein modernes Wohn-, Büro- und Geschäftsviertel, während sich der Güterumschlag per Schiffsfracht weiter in Richtung Wesermündung verlagert. Dennoch besitzt Bremen heute u.a. die größte Container-Umschlagsanlage Europas, in der dank ausgefeilter Technik und Logistik ein Frachter innerhalb kürzester Zeit ent- und beladen wird.

Im Hafengebiet hat sich u. a. die sogenannte Veredelungsindustrie angesiedelt. So liefern Bremens Kaffeeröstereien (Kraft Jacobs Suchard, Eduscho, Ronning) die Hälfte des Bedarfs deutscher Haushalte [94]. Große Bedeutung hatten in früheren Jahren die Zigarrenmanufakturen, und noch heute gehört die Deutsch-Indonesische Tabakbörse zu den wichtigsten in Europa. Ähnlich bedeutsam war die Baumwollbörse, die Bremen bis zum Zusammenbruch der Sowjetunion in jüngster Zeit zu einem der renommiertesten Baumwoll-Umschlagplätze Europas machte. Wichtige Importwaren der stadtbremischen Hafenanlagen sind ferner Getreide, Holz, Südfrüchte, Tee und Gewürze, bei den Exportgütern Maschinen, Fahrzeuge, Elektroartikel, chemische und feinmechanische Produkte, Eisen- und Stahlwaren. Insgesamt laufen etwa je 5.000 Frachtschiffe pro Jahr sowohl die stadtbremischen als auch die Bremerhavener Kais an. Die Brauerei Beck & Co exportiert ihre Getränke in rund 150 Länder der Erde und bewahrt damit eine mehr als 700-jährige Bierbrautradition. Mit der Standortwahl Bremen hat Deutschlands renommiertester Automobilhersteller Daimler-Benz [93] eine weitere Tradition wieder aufleben lassen: Bis 1961 hatte die Firma Borgward hier Automobile – wie den berühmten Typ „Isabella" – produziert, auch das Werk Hansa-Lloyd war von Borgward aufgekauft worden. Heute ist die Nachfolgefirma Daimler-Benz größter privater Arbeitgeber des Stadtstaates.

Traditionsreich ist auch der Flugzeugbau in Bremen, der Heimat der legendären Brüder Wilhelm und Heinrich Focke. Nachdem sie 1907 ihre ersten Flugversuche erfolgreich absolviert hatten, entstanden 3 Jahre später die ersten Flugzeugschuppen auf dem heutigen Flughafengelände. Die Konstrukteure Focke und Wulf gründeten 1924 das nach ihnen benannte Flugzeugwerk in Bremen, ohne zu ahnen, dass sie den Grundstein legten für die heutige Luft- und

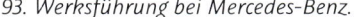

93. Werksführung bei Mercedes-Benz.

94. Qualitätsprüfung von Rohkaffee.

Raumfahrtindustrie [92], welche sowohl Teile des Großraum-Jets „Airbus" als auch der Europa-Rakete „Ariane" produzieren.

Die Umstellung von der Hafen- und Handelsstadt zur modernen Technologie wird in der Bildungspolitik Bremens besonders deutlich. Hatte die Stadt in der Vergangenheit auf eine solide kaufmännische Ausbildung gesetzt, so gründete sie 1971 eine Universität, in der zunächst vor allem Lehrer herangezogen wurden. Nach 1980 setzte man die Prioritäten dann in den natur- und ingenieurwissenschaftlichen Fachbereichen wie Produktionstechnik, Geowissenschaften und Meeresbiologie. Um die neuen Institutsgebäude wächst seitdem eine Technologiestadt mit dem „Bremer Innovations- und Technologiezentrum" (BITZ) und dem „Zentrum für angewandte Raumfahrttechnologie und Mikrogravitation" (ZARM). Wahrzeichen ist der 146 m hohe Fallturm. Hier wird während des freien Falls einer Versuchskapsel (4,7 s, 167 km/h) kurzzeitig die Schwerelosigkeit simuliert, ehe das Gefährt durch eine dicke Schicht von Styroporkügelchen gebremst wird.

Das gibt es nur in Bremen

Traditionen und Bräuche

Wohl in keiner Großstadt Deutschlands besitzen althergebrachte Bräuche einen ähnlich hohen Stellenwert wie in Bremen. Die traditionsreichste Veranstaltung ist der **Freimarkt** [95], der bereits im Jahr 1035 urkundlich belegt und damit das älteste Volksfest Deutschlands ist. Während der einstigen Händlermesse im Zentrum der Stadt unterhielten Gaukler, Sänger und Schauspieler die zahlreichen Gäste. Daraus entwickelte sich im Laufe der Jahrhunderte ein Vergnügungsmarkt, der seit 1913 außerhalb der Altstadt stattfindet. Die Attraktionen sind heute hauptsächlich auf der Bürgerweide aufgebaut, teilweise aber auch wieder auf dem Marktplatz. Hier und in den nahen Gaststätten konzentriert sich während der zwei Oktoberwochen dann auch das Nachtleben, öffentlich unterstützt durch den Wegfall der Polizeistunde in ganz Bremen, sowie besonders eingesetzte Nachtautobusse und -straßenbahnen. Selbst der ehrwürdige Roland strahlt im Glanz des Festes [97]. Er blickt hinüber zum Domportal unter dem Nordturm, wo der erstaunte Besucher manchmal einem besonderen Zeremoniell beiwohnen kann, dem **„Domtreppenfegen"**. Unter Einheimischen ist es üblich, dass ein Unverheirateter an seinem 30. Geburtstag von seinen Verwandten und Freunden per Zeitungsinserat öffentlich vor den Dom geladen wird. Unter den Klängen einer Drehorgel muss er das ausgestreute Konfetti zusammenkehren,

95. Der Bremer „Freimarkt" gilt als ältestes Volksfest in Deutschland.

ab und an gestärkt durch einen aufmunternden Trunk. Auch Junggesellinnen werden nicht verschont: Sie müssen so lange die Klinke des Portals putzen, bis sie durch einen herzhaften Kuss erlöst werden.

Das **Schaffermahl** [96] im oberen Rathaussaal ist die wohl vornehmste Traditionsveranstaltung Bremens. Sie geht bis auf das Jahr 1545 zurück und war einst das Abschiedsessen, zu dem sich Kaufleute, Reeder und Kapitäne trafen, um die Geschäfte der bevorstehenden Saison zu besprechen.

97. Bremens Roland im bunten Freimarktschmuck.

Zum festgelegten Menü gehören u.a. **Braunkohl mit Pinkel** [98] und Rauchfleisch, Kalbsbraten mit Pflaumen, Rigaer Butt und Stockfisch, zu dem ein eigens dafür gebrautes Seefahrtsbier gereicht wird. Eine Besonderheit sind die ausgelegten Löschblätter, mit denen der Gast nach jedem Gang sein Besteck reinigt, wie es an Bord der engen Segelschiffe üblich war.

96. Schaffermahl: Blick über die geschmückten Tafeln und die festlich gekleideten Gäste beim Traditionsessen in der oberen Rathaushalle.

98. Das bremische Nationalgericht „Braunkohl und Pinkel". In den Wintermonaten gehören Kohlfahrten seit Jahrhunderten zur Tradition der Bremer.

Auch Außenstehende können zwischen Januar und März das bremische Nationalgericht zünftig genießen: Braunkohl und Pinkel (eine scharf gewürzte Wurst aus Speck, Hafergrütze und Zwiebeln). In dieser Zeit werden Spaziergänge und Fahrten zu Lande und zu Wasser angeboten mit dem Ziel, sich in fröhlicher Gesellschaft das schwer verdauliche Essen einzuverleiben und es anschließend mittels flüssiger Hilfen dennoch zu verdauen.

Aus diesen Kohlfahrten hat sich 1829 eine neue Tradition entwickelt, die **Eiswette** [100]. Eine Sehenswürdigkeit aus neuerer Zeit ist Deutschlands größter **Samba-Karneval** [99]. Ein Wochenende der „närrischen Zeit" wird dann von heißen brasilianischen Rhythmen und Maskengruppen bestimmt. Höhepunkt ist der Samba-Umzug, der am Samstag am Marktplatz startet.

99. Heiße brasilianische-Rhythmen dominieren Bremens Straßen beim „Samba-Karneval".

100. Der „dürre Schneider" ist eine der Hauptpersonen bei der traditionellen „Eiswette".

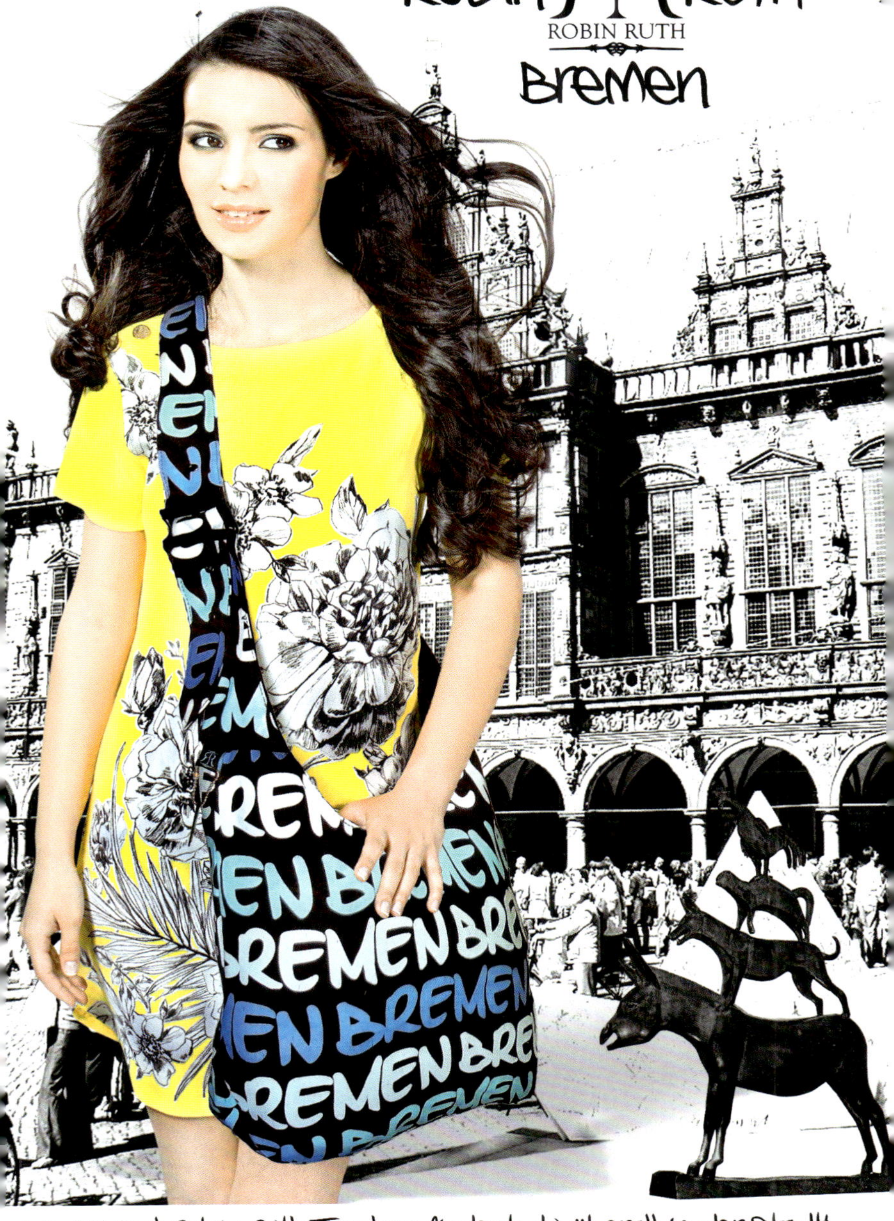
BREMEN BREMEN BREMEN

101. Universum® Bremen: vorn das Science Center, dahinter die rote Fassade der „Schaubox".

Das Universum® Science Center

Im Universum® Bremen wird Wissenschaft zum Abenteuer

Wie leben Schlammspringer? Was ist ein Himmelsfenster? Gibt es Vulkane am Meeresboden? Im **Universum® Bremen** [101+102] wird Wissenschaft zum wahren Abenteuer. Die Besucher können hier nicht nur lesen und gucken, sondern an zahlreichen Stationen selbst experimentieren, staunen und begreifen. So lernen sie beispielsweise in einem dunklen Labyrinth die eigenen Sinne kennen oder reisen mit einem Tauchboot virtuell zum Meeresgrund.

Das Universum® Bremen besteht aus drei Bereichen. Das beliebte Science Center, das in den ersten sieben Jahren seit der Eröffnung im September 2000 bereits über drei Millionen Besucher hatte, ist in einem walförmigen Gebäude untergebracht. Im Jahr 2007 wurde das Science Center um einen großen Außenbereich namens **EntdeckerPark** und einen 27 Meter hohen Turm der Lüfte erweitert [103]. Im selben Jahr eröffnete auch die SchauBox, in der wechselnde Sonderausstellungen gezeigt werden. Auf ihrem Rundgang durch das Science Center tauchen die Besucher auf 4.000 Quadratmetern Erlebnisfläche und an rund 250 Stationen in die drei Themenbereiche Mensch, Erde und Kosmos ein. Aber auch die ganz jungen Besucher zwischen drei und acht Jahren kommen in dem Science Center auf ihre Kosten. Im 200 Quadratmeter großen Kinderbereich namens Milchstraße

102. Zu lehrreichen Experimenten lädt das Universum® seine Besucher ein.

können an über 25 Stationen Türme gebaut, Träume gelebt und Trickfilme erfunden werden.

EntdeckerPark lockt unter den freien Himmel

Der EntdeckerPark ist ein 5.000 Quadratmeter großes Außengelände und bietet verschiedene Landschaftselemente sowie rund 25 Mitmachstationen zum Thema Bewegung. Die Besucher können dabei ihre Koordinationsfähigkeit testen, eine Steilwand erklettern oder eine enge Schlucht durchqueren. An der Station „Mondspringer" hüpfen die Gäste an zwei Griffen hängend bis zu vier Meter hoch und fühlen sich dabei wie bei einem Spaziergang auf dem Erdtrabanten. Die Riesensprünge können von anderen mit einer Camera Obscura beobachtet werden, die sich in einer begehbaren Stahlbox befindet.

SchauBox zeigt faszinierende Sonderausstellungen

Ein rostroter, würfelförmiger Erweiterungsbau namens Schau-Box bietet den Universum-Besuchern viel Abwechslung. Im ersten Obergeschoss zeigt die SchauBox auf 700 Quadratmetern jährlich wechselnde Sonderausstellungen. Auf derselben Etage erleben die Besucher in dem Veranstaltungssaal DenkArena wechselnde Vorträge, Lesungen, Workshops oder spannende Science Shows mit Experimenten.

Bei schönem Wetter können die Gäste eine Sonnenterrasse mit Blick auf den EntdeckerPark nutzen. Originelle Geschenke oder Erinnerungsstücke an einen erlebnisreichen Tag im Universum® finden die Besucher im Shop Prädikat. Das Universum® Bremen bietet zu jeder Jahreszeit viel Wissenschaft und Spaß.

103. EntdeckerPark, im Hintergrund der Turm der Lüfte.

Das Universum® Bremen:
Wiener Str. 1a, Tel. 04 21-3 34 60, www.universum-bremen.de,
Öffnungszeiten: Mo.-Fr. 9-18 Uhr, Sa.+So.+feiertags 10-18 Uhr

104. *Die winterliche Altstadt mit dem romantischen Weihnachtsmarkt vor der historischen Kulisse des Marktplatzes.*

Der Bremer Weihnachtsmarkt

Mit allen Sinnen genießen...

Ein Bummel über einen der schönsten Weihnachtsmärkte Norddeutschlands lässt bereits ab Ende November Feststimmung aufkommen. Ob vor der historischen Kulisse des Marktplatzes [104+105] – mit Roland, Rathaus, Dom und Bürgerschaft – auf dem Hanseatenhof oder dem Ansgarikirchhof, der Lichterglanz und das Angebot in rund 160 liebevoll dekorierten Weihnachtshäuschen zaubert Vorfreude nicht nur in Kinderaugen. Kunstvolle Keramik und Holzschnitzerei, festlicher Weihnachtsschmuck, Glasfiguren und Selbstgestricktes vermitteln erste Ideen für individuelle Geschenke, die man unter den Weihnachtsbaum legt. Der verführerische Duft von leckeren Bratäpfeln und herzhaften Bratwürsten vermischt sich anregend mit dem des dampfenden Glühweins und des berühmten Bremer Kaffees, leise erklingen die traditionellen Weihnachtslieder.

105. *Weihnachtszauber auf dem Marktplatz.*

106. Feststimmung auch bei den Stadtmusikanten.

107. Weihnachtsmarkt in der Sögestraße.

Festlich geschmückt sind in dieser Zeit auch die Straßenzüge, Passagen und Schaufenster mit ihrem internationalen Warenangebot [107]. Nur die riesige Auswahl macht es oft schwer, die schönsten Geschenke für den Gabentisch zu erstehen. Auch die Kultureinrichtungen Bremens bieten nun ein abwechslungsreiches Programm mit weihnachtlichen Orgelkonzerten und Theaterstücken, mit Krippenspiel und Ausstellungen. Sie tragen dazu bei, dass der Gast die bremische Weihnacht mit allen Sinnen genießen kann.

108. Adventliche Abendstimmung an Schlachte und Martinikirche.

Bremerhaven

Meer erleben in der Seestadt

109. Deutsches Schiffahrtsmuseum mit Freilichtmuseum am Alten Hafen.

Wie schon der Name vermuten lässt, gehört zum Land Bremen das 65 km entfernte Bremerhaven. Dennoch ist dies eine eigenständige Großstadt mit inzwischen gut 115.000 Einwohnern, neben Bremen die einzige im heutigen Bundesland. Der Bremer Bürgermeister Johann Smidt kaufte 1827 vom damaligen Königreich Hannover den Landstreifen von 89 Hektar, der heute Zentrum der Stadt und der alten Hafenanlagen ist [115]. Mit der Gründung dieses neuen Hafens konnte Smidt gleich zwei Probleme jener Zeit aus dem Wege gehen: der Versandung der Unterweser und den Zollforderungen der Anrainerstaaten. Mit der Fertigstellung des ersten Hafenbeckens 1830 begann der unaufhaltsame Aufstieg der neu entstandenen Stadt. Entsprechend der kurzen geschichtlichen Entwicklung Bremerhavens beziehen sich die Sehenswürdigkeiten weitgehend auf die letzten zwei Jahrhunderte und sind – wie die Stadt selbst – vor allem auf das Meer und die Schifffahrt ausgerichtet. Als Ausgangspunkt eines Rundgangs empfehlen wir das Gebiet Alter Hafen/Neuer Hafen, „Havenwelten Bremerhaven" genannt.

Am Alten Hafen (1827-30) hat seit 1975 das *Deutsche Schiffahrtsmuseum* (DSM) sein Domizil [109+112]. Im Becken des Museumshafens liegen neben anderen interessanten Schiffen die „Seute Deern" (hölzerner Viermast-Gaffelschoner mit Gallionsfigur,

110. Stadtplan von Bremerhaven Mitte.

erbaut USA 1919, seit 1966 Muse-umsschiff inklusive Restaurant) und das U-Boot „Wilhelm Bauer". Erbaut 1945, ist es heute das welt-weit einzige erhaltene U-Boot des Typs XXI, einer damals Aufsehen erregenden Neuentwicklung. Bei Kriegsende von der eigenen Besatzung versenkt und 1957 wie-der gehoben, dient es heute als schwimmendes Technikmuseum.

Zum DSM gehören auch ein Freilichtmuseum mit maritimen Großobjekten sowie Räumlichkei-ten, in denen u.a. eine originale Hansekogge von 1380 zu sehen ist. Einen guten Überblick über das Museumsgelände, die Stadt und die Hafenanlagen hat der Besu-cher von der nahen, 60 m hohen Aussichtsplattform des Radar-turms. Eine weitere Möglichkeit eines herrlichen Panoramablicks bieten die Aussichtsplattformen im 20. und 21. Stockwerk des markanten Gebäudes „SAIL City". Zwei weitere architektonisch

111. Großsegler vor dem historischen Backsteinleuchtturm.

Im Bereich Alter/Neuer Hafen [114] befinden sich neben dem DSM auch drei weitere Objekte in den **Havenwelten Bremerhaven**: das Klimahaus, der „Zoo am Meer" und das Deutsche Auswanderererhaus (DAH). Das **Klimahaus Bremerhaven 8° Ost** bietet dem Besucher eine einzigartige Erlebnis- und Wissenswelt aus dem Bereich Klima. So führt eine Reise entlang dem 8. Längengrad über die Schweiz, Sardinien, die Sahara, Kamerun, die Antarktis, Samoa und Alaska zurück nach Deutschland mit der Hallig Langeneß und Bremerhaven und lässt den staunenden Besucher die unterschiedlichen Klimazonen und die damit verbundenen Herausforderungen für die jeweilige Bevölkerung hautnah miterleben.

interessante Gebäude gehören zum Alfred-Wegener-Institut: das schiffsbugähnliche Hauptgebäude (Ungers-Bau) am Museumshafen und der neuere Steidle-Bau am Handelshafen. Das Institut widmet sich der Polar-, Meeres- und Klimaforschung in der Arktis und der Antarktis, wo es ganzjährige Forschungsstationen unterhält, und ist einer der wichtigsten Arbeitgeber in Bremerhaven.

112. Ausstellungsraum im Deutschen Schiffahrtsmuseum.

Deutsches Schiffahrtsmuseum:
Hans-Scharoun-Platz 1, Tel. 0471-482070, www.dsm.museum, Öffnungszeiten: 1.4.-31.10. täglich 10-18 Uhr, 1.11.-31.3. Di.-So. 10-18 Uhr, 24., 25. und 31.12. geschlossen

113. Zoo am Meer: Die tägliche Seelöwenfütterung zählt zu den Attraktionen für Jung und Alt.

Weserabwärts, nahe der Schleuse zum Neuen Hafen, lockt der ***Zoo am Meer*** [113] große und kleine Tierfreunde und Entdecker. Schwerpunkt ist die Tierwelt des Nordens und des Wassers mit Eisbären, Pinguinen und Robben und vielen anderen. Eindrucksvoll sind besonders die kommentierten Fütterungen und die Unterwassereinblicke auf die Schwimmkünstler. An der Seebäderkaje legen die Ausflugsschiffe nach Helgoland und zur Weserrundfahrt ab.

Im Bereich des Alten Hafens werben zwei Shopping Center um die Gunst von potentiellen Kunden: das Mediterraneo und das Columbus Center. In der Nähe, Neuer Hafen Südkaje, starten auch die immer beliebten ***Hafenrundfahrten*** [116] durch die Überseehäfen. In der Nachbarschaft finden wir das ***Deutsche Auswandererhaus***, eine weitere Einrichtung der Havenwelten. Es wurde nicht zufällig hier angesiedelt: Zwischen 1830 und 1974 wanderten mehr als 7 Millionen

Menschen über Bremerhaven nach Übersee aus. So entstand in historischer Umgebung das größte Erlebnismuseum Europas zum Thema Emigration, im Jahr 2007 mit dem europäischen Museumspreis ausgezeichnet. Von der Einschiffung und dem Bezug der einfachsten Kabinen 3. Klasse bis hin zum Check der amerikanischen

114. Die weitläufige Hafenanlage.

115. Auf den hölzernen Stufen am „Schaufenster Fischereihafen" lässt es sich herrlich relaxen. Rechts das historische Fischerei-Motorschiff „Gera", heute Museumsschiff.

Einwanderungsbehörden erlebt der Besucher in Nachbauten, Filmen und Animationen die Hoffnungen und Ängste der Auswanderer hautnah mit. Im Forum Migration hat zudem jeder die Möglichkeit, nach ausgewanderten Vorfahren zu recherchieren. Mit dem Neubau wird seit April 2012 auch das Thema „Einwanderer nach Deutschland" museal aufgearbeitet.

Einen Besuch wert ist auch das **Historische Museum Bremerhaven**, an der Geestemündung gelegen. Lebendig und informativ führt es dem Besucher die Lebens- und Arbeitswelten in einer Hafenstadt des 19. und 20. Jahrhunderts vor Augen: die Werften und den Hafenbetrieb, die Kneipe und den Fischladen, Luftschutzkeller und Notunterkünfte während und nach dem Zweiten Weltkrieg. Ausgrabungsfunde wie der bedeutendste Goldschatz Norddeutschlands

legen Zeugnis ab von der frühen Besiedlung dieses Gebietes.

Nördlich der Geestemündung lockt das **Weser-Strandbad** Erwachsene und Kinder zum Aufenthalt im Freien. Strandkörbe, Anlagen für Beachsportarten, Spielgeräte und Planschbecken verbreiten Nordseeflair auch ohne die Möglichkeit, wie früher im Strom zu schwimmen. Etwas südlich führt eine 100 m lange Doppelschleuse zu den Fischereihäfen I und II, die mit insgesamt 700 ha Fläche zu den größten Europas gehören. Am Ende des **Schaufensters Fischereihafen I** warten weitere touristische Angebote: Im Hafenbecken liegt der historische Seitenfänger FMS „Gera" als Museumsschiff und von hier starten die Rundfahrten durch den Fischereihafen.

Das Theater im Fischereihafen (TiF) und ein Figurentheater, die Phänomenta (Natur und Technik erleben und begreifen) und eine Modellstadt Bremerhaven auf 615 m², die Museumsbahn im Stil der 50er Jahre (sie pendelt zwischen Bremerhaven und Bad Bederkesa), das Atlanticum (Meerwasseraquarium mit 150.000 l Volumen) sowie das Seefischkochstudio vervollständigen das Angebot.

Die *Hafenrundfahrt Überseehäfen* (ab Südende Neuer Hafen) führt über den Kaiserhafen I ins zollfreie Gebiet mit den Kaiserhäfen II und III (1906-09), dem Verbindungshafen und von dort, unter der großen Drehbrücke an der Nordschleuse hindurch, zum riesigen Wendebecken mit der Autokaje. Hier befindet sich einer von Europas größten Verladehäfen für den Import und Export von Automobilen zwischen dem europäischen Kontinent und den USA, Ostasien und England. Vorbei an riesigen Autotransportschiffen, Frachtschiffen, Schleppern, Schwimmkränen, Entladebrücken und Werften geht die Fahrt durch den Osthafen und den Nordhafen, ehe es zurück in Richtung Neuer Hafen geht.

Die Nordschleuse zwischen Wendebecken und Weser ist etwa 372 m lang und 45 m (Durchfahrt) bzw. 60 m (Kammer) breit und damit noch heute eine der größten der Welt.

Am Weserufer richtete die Stadt Bremen die größte geschlossene Containerumschlaganlage Europas ein, genannt Container-Terminal Wilhelm Kaisen. Einen Überblick über das weite Gelände hat man vom Container-Aussichtsturm. Weseraufwärts befindet sich die berühmte Columbuskaje, einst Ablegestelle für die zahlreichen Auswandererschiffe. Heute starten hier regelmäßig Passagierschiffe für Kreuzfahrten in alle Welt.

Eine echte Alternative oder auch empfehlenswerte Ergänzung zur Hafenrundfahrt ist der HafenBus. Er startet bis zu dreimal täglich, Einstieg am „Schaufenster Fischereihafen", am Deutschen Schiffahrtsmuseum und am Zoo am Meer, und erschließt in einer unterhaltsamen zweistündigen Fahrt Bremerhavens maritime Sehenswürdigkeiten sowie die Hafenanlagen (Personalausweis mitbringen).

116. Auf Hafenrundfahrt mit dem HafenBus, das Besondere: Der Bus darf auf absolutes Sperrgebiet in den Überseehäfen. Gäste können dort vom Bus aus Welthandel hautnah erleben und bis an die Containerbrücke fahren.

Tipps und Adressen von A – Z
(Vorwahl für Bremen: 0421)

Auskunft:
Bremer Touristik-Zentrale
Telefon +49 421-3 08 00 10
btz@bremen-tourism.de
www.bremen-tourismus.de
Geschäftszeiten: Mo.-Fr. 8.30 - 18 Uhr,
Sa. 9.30 - 13 Uhr
Tourist-Information Obernstraße /
Liebfrauenkirchhof
Mo.-Sa. 10 - 18.30 Uhr, So. 10 - 16 Uhr,
Nov.-März Sa. 10 - 16 Uhr
Tourist-Information Hauptbahnhof
Mo.-Fr. 9 - 19 Uhr,
Sa.-So. 9.30 - 17 Uhr

Service-Telefon
+49 (0) 421 / 30 800 10
Touristische Informationen, Hotels,
Tickets, Reiseangebote und mehr.
BTZ
BREMER TOURISTIK-ZENTRALE

117. Die Tourist Information hat auch attraktive Routen für Radfahrer vorbereitet.

Bremerhaven Touristik
TouristCenter Hafeninsel
H.-H.-Meier-Straße 6
27568 Bremerhaven
Tel: 0471/9 46 46 100
touristik@bis-bremerhaven.de
www.bremerhaven-tourism.de

Auto-Service:
Pannenhilfe, Tel. 0 18 02-22 22 22;
ADAC, Tel. 4994200; AvD-Notruf,
Tel. 08 00-9 90 99 09

Bus- und Straßenbahn BSAG:
Kundendienstruf täglich 24 Stunden,
Tel. 55 96-3 33

Camping:
Campingplatz Bremen e.V.,
Tel. 21 20 02, www.bremen-tourism.de

Congress-Centrum:
Bürgerweide, Tel. 37 89-0, Fax
37 89-6 00

Deutsche Bahn AG:
Fahrplan- und Tarifauskunft,
Bahn-Bestell-Service: 0 18 05-99 66 33,
tägl. 0 - 24 Uhr
DB-Reise-Zentrum: 2 21-40 25,
Mo.-Fr. 5.50 - 21 Uhr, Sa., So. u.
Feiertage 7.30 - 21 Uhr

Fahrradstation:
Am Hauptbahnhof, Tel. 17 83 3 61

Flughafen:
Flughafenauskunft 55 95-0, zu erreichen mit der Strab Linie 6, www.
airport-bremen.de

Jugendherbergen:
Bremen, Kalkstraße 6, Tel. 17 13 69,
Worpswede, Hammeweg 2, Tel.
0 47 93-13 60

Kinos (Auswahl):
CinemaxX (Nähe HBf): Tel. 3010101;
Atlantis (Böttcherstr. 4): Tel. 324546;
Cinema (Ostertorsteinweg 105):
Tel. 700914; Cine Star Kristall-Palast
(Hans-Bredow-Str. 9): Tel. 4275555

Musical Theater:
Wechselnde Veranstaltungen,
Tel. 3337590, www.musical-theater-
bremen.de

Oper/Operette:
Theater am Goetheplatz,
Tel. 36530, www.theaterbremen.de

Post, Telegramme:
Postamt 5, Bahnhofsplatz 21;
Postamt 1, Domsheide 15

Reedereien:
Helgolanddienst, Tel. 04464-8021;
Hafenrundfahrten: Hal över,
Schlachte 2, Tel. 338989

Spielbank Bremen
Schlachte 26, Tel. 32900-0, tägl. von 15
- 3 Uhr, www.westspiel.de/spielban-
ken/bremen/

Sport:
Weser-Stadion (Fußball), Ticket-Hot-
line: 01805-937337;
Galopprennbahn, Vahrer Str. 219, Tel.
436316; Eislaufhalle Paradice, Waller
Heerstr. 293a, Tel. 69137-0; Bowling:
bowl'n fun, Tel. 3365530; Kegel- u.
Tenniszentrum Findorff, Tel. 351005;
Kegel-Zentrum Alle Neune, Duckwitz-
str. 71, Tel. 513338

Stadtführung:
Täglicher Stadtrundgang 14 Uhr (Mitte
April - Anfang Oktober Sa. auch 11 Uhr)
ab Tourist-Info Obernstraße/Liebfrau-
enkirchhof, Dauer ca. 2 Stunden
Spezielle Themen-Führungen veran-
staltet von BTZ: z.B. Rathaus-, Rats-
keller-Führung, Raumfahrt-Führung,

*118. Das Weserstadion, Spielstätte des
Bundesligisten Werder Bremen.*

Mercedes-Benz-Werksführung,
Mini-Bus-Tour, Brauereitour, u.v.m.
Tel. 3080010,
www.bremen-tourismus.de

Stadtrundfahrt:
täglich um 11 Uhr ab ZOB Hauptbahnhof und 12.30 Uhr ab Innenstadt,
Infos unter Tel. 3080010, www.
bremen-tourismus.de

Taxen:
Taxi-Ruf Bremen, Tel. 14014;
Taxi-Roland, Tel. 14433; Hansa Taxi,
Tel. 14141; Behre Taxi, Tel. 354014

Theater (Auswahl):
Theater am Goetheplatz, Schauspielhaus + Concordia: Tel. 36530, www.
theaterbremen.de, Theaterkasse
Tel.: 3653-333, Öffnungszeiten:
Mo - Fr: 11 - 18 Uhr, Sa: 11 - 14 Uhr;
Ernst-Waldau-Theater: Tel. 38617-0;
Packhaus-Theater im Schnoor, Tel.
326054;
bremer shakespeare company, Tel.
50033, Di.-Sa. 15 - 18 Uhr

Varieté:
Teatro Magico, Kolpingstraße 9
(Schnoorviertel), Tel. 33659336

Veranstaltungen:
Auskünfte und Buchungen über
Bremer Touristik-Zentrale, Service-
Tel. 3080010

©2013

Kraichgau Verlag GmbH
Röhringstrasse 1, 76698 Ubstadt-Weiher
Briefadresse: Postfach 11 40, 76695 Ubstadt-Weiher
Telefon 0 72 51/96 16 30 und -31, Fax 0 72 51/96 16 32
e-mail: info@kraichgau-verlag.de

Text: Wolfgang Kootz, Bammental
Redaktion: Toni Gatzka, Bremen
Gestaltung und Konzeption: Ines Merkel Grafikdesign, Gaggenau
Druck: Kraft Druck, Ettlingen
Fotos: BTZ Bremer Touristik-Zentrale (www.bremen-tourismus.de) – Bild-Nr.: 2-5, 8-10,
12, 14, 33, 43, 44, 46, 48, 49, 51, 55, 61, 67-70, 74, 79, 88, 90, 92, 93, 97, 98, 100, 102, 104, 106,
112, 117, Umschlag, Titelbild von Torsten Krüger // TORFKÄHNE Bremen – Bild-Nr.:
84. // Bremerhaven Touristik (www.bremerhaven-tourism.de) – Bild-Nr.: 110, 113-116,
Umschlag // Überseestadt Marketingverein (www.ueberseestadt-marketing.de) – Bild-
Nr.: 91. // Universum® Bremen (www.universum-bremen.de) – Bild-Nr.: 101, 103. //
Kunsthalle Bremen - Der Kunstverein in Bremen – Karen Blindow – Bild-Nr.: 63, 64.;
Lars Lohrisch – Bild-Nr.: 65. // Kunstsammlungen Böttcherstraße – Bild-Nr.: 45; Jiang
Feipeng – Bild-Nr.: 37.; freiraumfotografie Bremen – Bild-Nr.: 42. // Alena Zeman, Bre-
men – Bild-Nr.: 16, 19, 28, 30, 35, 36, 52, 56-58, 62, 66, 75, 76, 78, 82, 85, 99, 105 // Torsten
Krüger, Bremen – Bild-Nr.: 1, 13, 34, 47, 53, 60, 71-73, 77, 80, 81, 83, 95, 107-109, 118 //
Jürgen Nogai – Bild-Nr.: 6, 7, 11, 15, 17, 18, 20-27, 29, 31, 38-41, 50, 54, 59, 87, 94, 96 //
botanika GmbH (www.botanika.net) – Bild-Nr.: 86 // WFB - Messe Bremen - Bild-Nr.: 89
// Fotolia - Bild-Nr.: 32, Umschlag // Clipdealer - Bild-Nr.: 111

Wir bedanken uns bei unserem Kooperationspartner, der BTZ Bremer Touristik-Zentrale,
für die freundliche Unterstützung.
Innenstadtplan mit freundlicher Genehmigung der Bremer Touristik-Zentrale.
Nahverkehrsplan mit freundlicher Genehmigung der BSAG, Bremen.

Von diesem Reiseführer gibt es auch eine englische, französische, italienische, spanische
und russische Ausgabe.

In der gleichen Reihe sind bisher folgende Reiseführer erschienen: Bodensee – Elsass –
Frankfurt am Main – Hamburg – Ludwigsburg – Straßburg – Stuttgart

Alle Angaben ohne Gewähr. Für Fehler können wir keine Haftung übernehmen. Ihre
Anregungen und Korrekturhinweise greifen wir gerne auf: info@kraichgau-verlag.de

ISBN 3-938541-09-1